まちづくり
ゲーム
カタログ

Game Catalogue for Community Design

研修・ワークショップが進化する
ボードゲームガイド

安藤哲也
Tetsuya ANDO

学芸出版社

ゲームの説明に関する本文中、
以下の言葉は説明なく用いています。

親	ゲームで最初に行動を起こすプレイヤーのこと。ゲームによっては、親は独自の行動を取り、子と対立するゲームもある。
子	親以外のプレイヤーのこと。
山札	カードをシャッフルし裏返しの状態で束ねたもの。プレイヤー全員で一つの山札をつかうゲームと、各プレイヤーがそれぞれ山札を持つゲームがある。
手札	プレイヤーが手に持つカードのこと。一般的には手札の情報は他のプレイヤーには見せない。
場	カードゲームであれば手札からカードを出して置く場所。ボードゲームであればゲームボードを広げ、様々なコマやカードを置く場所。

本書で紹介しているゲームの著作権・商標等は、それぞれの権利者に帰属します。ゲームの内容や研修でのご利用に関するご質問やご意見は、制作者・販売元等にお問い合わせください。

はじめに

まちづくりの現場で20年間抱えてきた悩み

　私は大学3年時にまちづくりのサークルをつくり、商店街支援を行い、大学・大学院の4年間で2つのまちで活動をしました。就職後、都市計画コンサルタントとして多くの自治体のまちづくりを支援し、2015年に独立後、現在は柏アーバンデザインセンター（UDC2）という場所でまちづくりに携わっています。

　現場で20年間、「まちづくり」に向き合い続け、常々頭を悩ませてきた問題があります。それが、**「ひとびとの、まちへの無関心」**です。

まちの未来に関心がないの？

　皆さんは、自分のまちの未来に関心はありますか？

　「自分のまち」といっても、住んでいるまち、働いているまち、生まれ故郷のまち、色々とあるかもしれません。ひとは生きている以上、多くのまちと関わりを持って生きているはずです。

　「自分のまちの未来に関心はあるか？」という問いに対して、おそらく多くのひとは「YES」と答えると思います。しかし、**実際にまちづくりの現場に足を運んで、ワークショップ（WS）に参加したり、意見をいったりするひとは本当に稀**です。某自治体で「都市計画マスタープラン」というまちの将来を描く業務に関わったとき、市内を巡り、何度も説明会を開催しましたが、参加者は毎回一桁。0人ということも何度もありました。**こんな現場で皆さんのまちの将来が決まってしまうこともあるのです。恐ろしいと思いませんか？**

ワークショップの新たな手ごたえ

独立後、民間企業からの依頼で面白そうなWSの相談を受けました。「『移住』をテーマにして、参加者が自分の人生について考えるWSをしたい。そんなボードゲーム（BG）をつくれないか？」というもの。なんてワクワクする仕事だろう、と思ったのを覚えています。そこから打合せを重ね、オリジナルゲームが完成しました。

実際に使用してみたところ、WSは大盛り上がり。盛り上がりすぎて時間をオーバーしましたが、それでもたくさんの意見をもらうことができました。

> 「空き地や空き屋をうまく活用しなければいかん。行政に頼らず、ご近所同士でできることからやろう」（60代男性）
> 「高齢者への対策も必要だけど、限られた財源の中で優先順位を決めないとね」（50代女性）
> 「昔より働き方がたくさんあるから、ライフスタイルも複雑だよね。自由度が増してるってことかな」（高校生女子）

本当に驚きました。①参加者が満員で、②皆さんが楽しそうにまちの未来について熱く語り合っていて、③ゲーム上の発言がもはやまちづくりの現場の意見そのものだ、と3度驚きました。今までのまちづくりの現場で参加者が来ないのも、WSが盛り上がらないのも、すべてこちらの企画が面白くなかったのだと痛感しました。

同時に、これはまちづくりの現場で「つかえる」と思いました。そこで、まちの未来や社会について楽しくあそび・学べるゲームをソーシャルデザインゲームと命名し複数の作品をつくり、多くのWSを行ってきました。どのWSも多くの参加者が集まり、ゲームをとおし

004

て盛り上がり、少なくとも一定の効果があったと思っています。

今回、縁あって本書を書く機会をいただき国内の事例を調査していくと、私と同じようなことを行っている方がたくさんいることがわかりました。そして自治体や民間企業、大学などと協働する事例も年々増えています。少しずつ、新たな動きが芽吹いているのです。

楽しいことはいけないこと？

「ボードゲームは、言葉を学べる。数字も学べる。他のひととのコミュニケーションも学べるし、何より楽しい。こんなに素晴らしいアイテムを教育に活かさない理由がないでしょう？ 日本の子どもたちはどんな勉強方法をしているの？」

2016年に世界最大のボードゲームの祭典「エッセンシュピール」を訪れたとき、ドイツのとある幼稚園を有志で視察しました。この言葉は、そこで園長先生から投げかけられたものです。このとき、私を含む日本人の視察団は何も答えることができませんでした。

私はこの園長先生の言葉を受けて、「日本でボードゲームを教育に活かすとしたらどうなるか？」をずっと考えていました。「知育」「ゲーミフィケーション」「エデュテインメント」── 。ゲームのポテンシャルを拡げようとする言葉や取り組みが多くなされながらも、未だに「学びは学び、あそびはあそび」と切り分けるのが日本人。その勤勉さは世界でも有名ですが、同時に"呪い"でもあると感じています。

子どもたちは、乳幼児の間は「たくさんあそびなさい」といわれ続けます。ところが小学校に入学したとたん、親と教師から「あそんでばかりいないで勉強しなさい」と言われるようになります。このギャップにどれだけの子どもが驚くか、想像に難くありません。

そもそも、あそびと学びは対立構造なのでしょうか。「よくあそび、よ

く学べ」という言葉もあるように、あそびの重要性は誰もが知っている
はずです。**幼少期にあそびの中から多くのことを学んできたはずなの
に、あそぶことに対して罪悪感を抱く理由はどこにある**のでしょう。

「楽しさ」こそが物事をブレイクスルーする！

　私の専門領域は「まちづくり」です。まちづくりの現場において、
市民共創のプロジェクトを設計・実行する際に、重要になるポイン
トは「やりがい」「主体性」「採算性」など複数あります。

　ただ、私はそれらのなかで**最も重要なポイントは「楽しさ」**だと考
えています。**どんなに大変なプロジェクトでも「楽しい」という感情
が存在していれば、必ず続いて**いきます。人間は「楽しい」ことが大
好きです。**「楽しさ」こそが、物事をブレイクスルーする最も重要な
感情**だと信じています。

　研修には学びが必要です。そして、**同じ学びを得られる研修な
ら、楽しい研修のほうがいい**に決まっています。本書では、楽しみ
ながら学びを得られる多くのゲームを紹介しています。本書がきっか
けで多くの研修現場でゲームが活用され、学びと楽しさがあふれる
いい研修が増えていくことを祈ります。

本書の目的と構成

　本書の目的と構成について紹介します。

　本書では、ボードゲームやカードゲームという形式を問わず、社
会課題をテーマとしているゲームを「まちづくりゲーム」と呼んでいま
す。本書はそんなまちづくりゲームや一般向けに販売されているゲー
ムを紹介し、自治体研修などの現場で活かしてもらうことを目的とし

ます。これまでの私の経験から自治体研修が基になっていますが、自治体・民間企業を問わず、活用いただける内容です。

CHAPTER 1では、私が実施しているコミュニケーション研修を例に挙げつつ、一般向けに販売されているゲームの中から、研修現場で活用しやすいゲームを9作品、紹介しています。それぞれのゲームを研修でつかう際のポイントや、コミュニケーション能力のどの部分を育むのかなどを書いています。

CHAPTER 2では、まちづくりゲームの事例を13作品、紹介しています。対象のゲームがつくられた背景、ゲームのあそび方、ゲームのプレイイメージ、研修に使用する際のポイント、実際の利用者の声などを紹介しています。対象のゲームが伝えたいテーマをどのような解決手法をとってゲーム化しているのか。体験後プレイヤーにどのような行動変容をもたらすのか、私なりの解釈も加えました。

なお、CHAPTER 1、2ともに、自治体職員研修を自治体職員が自分達で実施できるよう、ゲームを利用する際のポイントを紹介することにより、手引きとして活用できるようにしています。

CHAPTER 3では、自治体の研修現場について、自治体職員や自治体に研修を実施しているコンサルタントへのヒアリングを踏まえて実情を整理し、研修の現場でゲームに求められるものを示しています。

CHAPTER 4では、まちづくりゲームを自分でつくりたくなった際の制作の手順や配慮すべきポイントなど、ゲームのつくり方を紹介しています。様々なオリジナルゲームが増えることを期待しています。

2024年冬
安藤哲也

PROLOGUE

003　はじめに
008　目次＆プレイヤー紹介

CHAPTER 1

012　まずはこれから取り入れよう！
**コミュニケーション能力を高める
おすすめゲーム**

014　ボードゲームを活用したコミュニケーション研修
018　相手の内面を想像するゲーム **ディクシット**
026　相手と私の「ちょっと」が違うことを理解する **ザ・ゲーム**
032　数字を言葉で例える協力型ゲーム **itoレインボー**
036　色のイメージを全員で統一する **ヒトトイロ**
040　あなたの見方を想像する **私の世界の見方**
044　水平思考を学ぶ **ウミガメのスープ**
048　感情を読む **はぁって言うゲーム**
052　対象によって響く言葉が違うことを認識する **なんで？**
056　出題者の気持ちを想像して感じ方の違いを楽しむ
　　　ソノトキボクハ

CHAPTER 2

060　まちづくりに活かそう！
現場につかえるゲームカタログ

まちを
ジオラマ的に
体感してみる
062

064　**カマクラコレクション**
　　　鎌倉をめぐり、満喫する

072　**カワサキケイカンボードゲーム**
　　　自分のまちへの理解を深め、
　　　愛着を育む

080　**ZOOM in KOBE**
　　　神戸のまちの魅力を体感する

まちの裏側にある見えないしくみに触れる 088

- 090 **どうぶつの里**
  里山の生き物の食物連鎖を学ぶ
- 098 **めぐるめぐみ**
  まちをとりまく水の循環を学ぶ
- 106 **クマと僕らの物語**
  クマと人の見えない関わりを学ぶ

まちづくりの主人公になりきってみる 114

- 116 **kenpogame ～kenpoバリアで日本を守れ！**
  憲法のない世界を不幸から救う
- 124 **公共施設の未来体験ゲーム カワタン**
  選択と集中でまちをマネジメントする
- 132 **ゲーム限界都市 しあわせなまち**
  自治体経営を体験する

ありえるかもしれない未来を動かしてみる 140

- 142 **コミュニティコーピング**
  超高齢化社会を体験する
- 150 **THE パーフェクトワールド ～目指せ！みんなの環成経！**
  4つの社会の実現を目指す
- 158 **ふくい温暖化クライシスボードゲーム**
  SDGsアクションで福井滅亡を回避する
- 166 **いたばしさんぽ**
  身近なSDGsを探しながら、まちへの愛着を高める

座談会

- 174 **ボードゲームとまちづくりの関係**

009

CHAPTER 3

188 実践から学ぶ！
研修に導入するための課題とポイント

190 研修の課題はゲームで解決できるか？
194 インタビュー
自治体研修のプロフェッショナルに聞く
200 研修現場でゲームを効果的に取り入れるには？
206 研修の目的にぴったりなゲームはどれ？

CHAPTER 4

208 つくってみよう！
あなたのまちに合ったオリジナルゲーム

210 ゲームづくりは目的？それとも手段？
210 ボードゲームデザインのプロセス
215 参考事例の解剖
217 ゲームづくりの落とし穴

EPILOGUE

220 おわりに

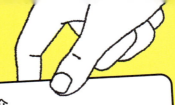

プレイヤー紹介

本書の様々なページに登場する架空のプレイヤーを紹介します。彼らの発言や気づきは、現実のまちづくりゲーム体験会にて集まった発言や感想を参考にして作成していますので、多くの皆さんの参考になると思います。

安西（安さん）
熱血なまちづくりの専門家。ボードゲームの魅力にほれ込んで、まちづくりとの融合を図っている。

福智（福さん）
負けず嫌いの公務員。ジレンマたっぷりのゲームが大好き。研修でボードゲーム使えるの？と懐疑的。

山脇（山さん）
快活なエンジニア。昔ながらのゲームが大好物。シンプルなルールに美意識を感じるタイプ。

河名（河さん）
おっとりした学童の職員。職業柄、子ども向けゲームを見つけるとまずは体験してしまうタイプ。

高竹（高さん）
やや天然な学校の先生。専門は生物。コミュニケーション系から、重厚なゲームまで幅広く好き。

011

CHAPTER 1

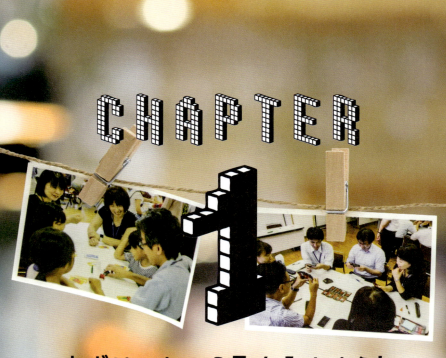

まずはこれから取り入れよう！
コミュニケーション能力を
高める
おすすめゲーム

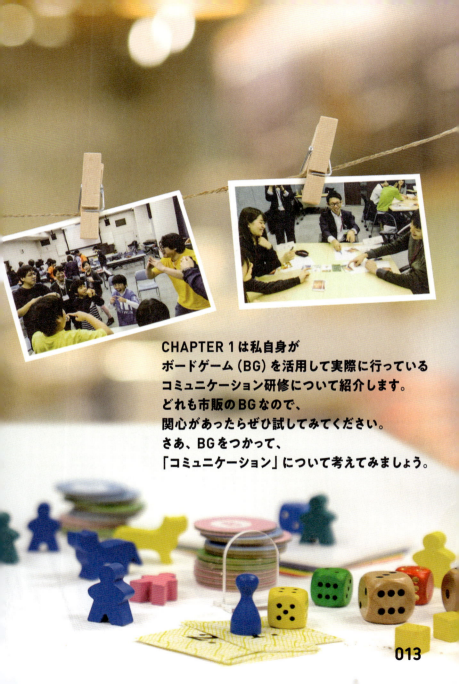

CHAPTER 1は私自身が
ボードゲーム(BG)を活用して実際に行っている
コミュニケーション研修について紹介します。
どれも市販のBGなので、
関心があったらぜひ試してみてください。
さあ、BGをつかって、
「コミュニケーション」について考えてみましょう。

ボードゲームを活用したコミュニケーション研修

●「コミュニケーション能力」って何?

「ボードゲーム(BG)で育まれる能力とは何でしょうか」

私が講師を務めるBG講座で受講者の皆さんにこのように問いかけると、必ずと言ってよいほど「コミュニケーション能力」と返ってきます。**多くの方々が、BGはコミュニケーション能力を育むものだと漠然と捉えているようです。**

そもそもコミュニケーション能力とは何でしょうか。私は、**①伝える力、②受け取る力、③想像する力の3つから構成される**と考えています。

「コミュニケーション能力」という言葉から、まずイメージするのは①ではないでしょうか。話すことが上手で、場を盛り上げるひと、人生で出会ったことありますよね。他にもプレゼンテーションの場で輝くタイプのひともいます。しかしながら、**話すことが上手であることは確かに「コミュニケーション能力が高い」一因にはなりますが、決してイコールではありません**。ときには、相手を見ておらず、自分ばかりが気持ち良く話しているケースがあります。

一方、聞き上手と呼ばれるひとたちは総じて②の力が秀でています。皆さんの周りにも、物静かだけど、一緒にいて落ち着くひと・楽

①伝える力	自分の考えを言葉や表情、行動などの手法を用いて相手に届ける力。相手にわかりやすく、自分の伝えたいことをきちんと伝えるために情報の整理や構造化が重要になる。
②受け取る力	相手の発信する情報を過不足なく正確に受け止める力。話を遮らず、最後までしっかりと聞く姿勢と行動が重要。ときには、問いを投げかけることで、相手が自分で気づいていない面を引き出せることもある。
③想像する力	情報を届けるときに、相手が何を考えながら話を聞いているのかを理解する力。情報を受け取るときは、その情報が発信された背景を想像し、「何を言ったか」だけでなく「なぜ言ったか」まで考える力。いずれも思い込みに注意が必要。

しいひとがいると思います。そういうひとは相手の話をきちんと聞き、決して遮らず、ときに相づちをうち、話し手が満足いくようにサポートしてくれています。逆に会話の主導権をすぐに奪ってしまう会話泥棒といわれるタイプのひとなどは"聞き下手"といえるかもしれません。

さて、私がコミュニケーション能力において最も重視しているのは③です。**話すにしろ聞くにしろ、相手があってのコミュニケーション**です。相手の快・不快や話の理解度、関心の内容などを探りながらコミュニケーションを取ることにより、コミュニケーションが良質なものになります。

たとえば自分では①の力があると思っているひとに、③の力が欠けている場合、聞き手にとって退屈な話がずっと続くことがあります。そのため、聞き手にとっては「話が長いな」「自慢話だな」という感情を持たれてしまうのです。

「コミュニケーション」について ゲームをとおして自問自答する

　「コミュニケーション能力はBGで育まれるのか」と聞かれたら、私は間違いなく「YES」と答えます。コミュニケーションが不得意なひとは先に示した①〜③の力の1つ以上が苦手だと感じているはずです。**現実世界のコミュニケーションは、①〜③が常に同時に必要となるため、自分の苦手な力を把握することが難しい**のですが、①〜③のそれぞれに特化したBGを体験することにより、自分のコミュニケーション能力を計り、伸ばせる力がどれかを把握できます。

　私が実施しているコミュニケーション研修は、研修の時間や対象によって変動しますが、以下のフローで実施することが多いです。

1	課題の棚卸し	「コミュニケーション」に関する日々の自分の悩みや課題を考える個人ワーク（時間があればグループ内でシェア）。
2	ゲーム体験	複数のゲームを体験するグループワーク。
3	気づきの共有	「コミュニケーション」の視点から**2**をふりかえり、グループ内でシェア。
4	種明かし	講師が①〜③の力について説明。その後、体験したゲームがそれぞれどの力を育むのかを解説する。
5	苦手な力の把握と改善指針づくり	**1**をベースに、自分に足りない力を把握し、明日からの業務等に対して具体的な目標を立てる。

「1回の研修でコミュニケーション能力がそんなに変わるのか」と思われるかもしれませんが、人間は意識することで見違えるように変化します。**コミュニケーション能力を細分化し、自分の得意・不得意な分野を知ることで改善の目標が明確**になります。

以下に、これまで実施したコミュニケーション研修で参加者から寄せられた意見の一部をご紹介します。

- 良いコミュニケーションを取るために会話を引き出したり、相手の話を理解したりするなどゲームをとおして楽しく学べた。
- ゲームであそんでいるようでコミュニケーションの基本を振り返ることができ、自分の行動を改めて見直すきっかけになった。
- 斬新な企画で、あそびを入り口にしながらコミュニケーションの質を上げるとてもいい取組みだと思った。
- 相手の性格など先入観を捨てて相手の立場になって考えることの大切さを改めて学んだ。
- ゲーム自体も楽しかったが、コミュニケーションの要素を考えたことがなかったので、その視点が得られて有意義だった。
- ゲーム楽しかったです。コミュニケーションの学びをする上で土台づくりができた。
- ゲームから始めることで、知らないひと同士でも早く打ち解けられた。
- 講座らしさがなく、自主的な「気づき」が得られた。

ここからは、実際に研修の現場で使用しているBGについて紹介します。

Dixit

2 相手の内面を想像するゲーム
ディクシット

写真1・1　ディクシット（2021年）
©Libellud

対象年齢	8歳～
説明時間	5分
プレイ時間	30分～
プレイ人数	3～8人
発行・販売	ホビージャパン
ゲームデザイン	ジャン＝ルイ・ルービラ
アートワーク	マリー・カルドゥア

018

ゲームの概要

ディクシットはフランス生まれのBG。水彩画のように美しくもちょっと不思議なカードを用いてあそぶコミュニケーションゲームです。本作は、**お題を上手に言葉で表現する能力や、相手の内面を想像する能力が必要**になります。

プレイヤーは0のマスからスタートし、30マス先のゴールを目指します。これはある意味で「スゴロク」といえますが、私たち日本人が慣れ親しんだ「スゴロク」とは一味も二味も違うことを実感できると思います。私たちの知る一般的な「スゴロク」は結果が大事で勝つために頑張るものですが、**本作は過程こそが魅力**。一緒にあそぶメンバーの様々な個性が出て、きっとたくさん笑い合うことができると思います。もちろん、勝つことは大切ですが、それよりも「○○さんのあの発言は面白かったね」「あれは安直すぎたね」と、終わった後も会話に花が咲くことでしょう。

「ディクシット」はラテン語で、英語に直すと「SAY」だそうです。お題を上手に表現することを意味しているのだと思いますが、私は「お話しましょ」と意訳しています。

BGをとおして、テーブルを共にしたメンバーが楽しく笑い合う。私がBGを愛してやまないのはこうした作品が存在するからです。読者の皆さんには、研修を抜きにしても一度はあそんでいただきたい名作です。

🎲 あそび方

準備〜投票まで

　ボードをテーブルの中央に置き、それぞれのプレイヤーカラーを決めます。自分の投票ダイヤルとウサギコマを取ります。ウサギコマはボード上の「0」のマスに置いてください。カードを束ねて山をつくり、よくシャッフルし、全員に6枚ずつ配ります。

　次に、親を決めましょう。親は自分の手札の中から1枚を選んで何らかのキーワードを言い、そのカードを伏せて出します。親の発言を受けて、子もカードを1枚伏せて出します。

　仮に親が「大冒険」と言ったとしましょう。それを受けて、子は「大冒険」っぽいカードを手札から探し、親と同じように場に伏せて出します。点数を稼ぐためには親のキーワードに寄り添ったカードを出すことが鍵になります。

　その後、親はテーブル上に置かれたカードを全て回収しシャッフルします。そして、自分だけカードの表面に目をとおしておきます。

写真1・2　ディクシットのカードの一例。空想的で美しいイラストが並ぶ

カードに目を通したら、親はランダムにカードを1枚ずつテーブルに並べていきます。1番、2番、3番…と番号を付けていってください。

写真1・3　並んだカードの例。どれが「大冒険」だろうか

　子は親が出した「大冒険」のカードを予想します。決めたら投票ダイヤルを裏面にしてテーブルに出しましょう。全員が出したら一斉にダイヤルの数字をオープンします。さぁ正解したのは誰でしょう。得点計算に移ります。

得点計算

さて、**写真1・3**の例の場合、読者の皆さんはどれを「大冒険」だと思いますか？ 私は5番、次いで4番を「大冒険」だと感じます。

得点計算では、親のキーワードを当てたプレイヤーと親は3点を得ることができます。ボード上のウサギを3マス進めてください。

このときに、全員が正解してしまった場合は、「親のキーワードが安直すぎ！」ということで、親はペナルティで0点。子は全員が2点入ります。

一方で、全員が不正解だった場合は、「親のキーワードが独りよがりすぎ！」ということで、やはり親はペナルティで0点。子は全員が2点入ります。つまり、親は誰か1人以上には正解してもらわなければなりませんが、全員に正解されては困るわけです。

加えて、子が出したカードを他の子が選んだ場合、間違われた子は間違い投票の数だけ得点が入ります。うまくミスリードできたボーナスです。

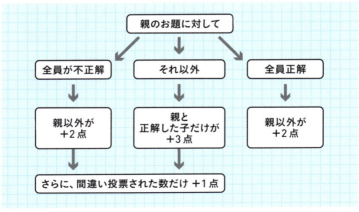

図1・1 得点のフローチャート。間違い投票数に応じた加点ボーナスもある

以上の得点計算を終えたら、使用したカードは捨て札置き場に置き、全員が新たに手札を1枚補充します。親は時計回りに交代し、新たな親が次のキーワードを発言することになります。これを繰り返し、誰かが30点に達したらゲームは終了。ゴールへ最初に到達したプレイヤーが勝利となります。

勝利するために必要なこと

　たとえば、**写真1・3**の例で、「ドラゴン退治」と言ったらどうでしょう？　おそらく子の全員が5番を選ぶと思います。では一方で「ファンタジー」と言ったらどうでしょう。正解するのはかなり難しく、運になってしまうのではないでしょうか。つまり、**親はわかりやすすぎず、ピントを外さない程度に、絶妙なラインでの言語化が求められます**。

　逆に子は親の感性を想像することが求められます。「このひとなら、こういう考え方をするはず」という思考です。

🎲 研修での活かし方

　研修においては特別な使い方は不要で、紹介したとおりのスタンダードなルールでプレイするといいでしょう。

　重要なポイントは相手の内面を想像することです。なぜ、親はこのような発言をしたのだろうか。どういう意図なのだろうか。その思惑を懸命に手繰り寄せることが必要です。

このゲームで求められるコミュニケーション能力	
①伝える力	★★★★☆
②受け取る力	★★☆☆☆
③想像する力	★★★★★

　役所の窓口に市民が来た場合のやりとりを例に、相手の内面を想像することでアップデートされるコミュニケーションについて考えてみます。

　相手から発せられる言葉は上澄みであることも多いのが現実です。なぜ、その発言なのか。ビジネスであれば、言っているのか、言わされているのか。そうした目に見えない部分を想像することで、相手の立場に寄り添うことができ、相手の考えを理解することができるでしょう。

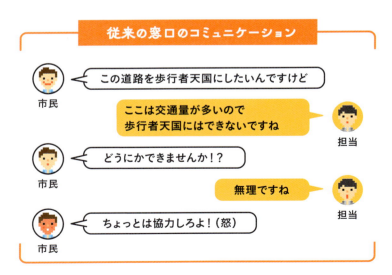

とはいえ、一方的に相手の思惑を想像することが危険な場合もあります。そういうときは細やかに相手の意向を言葉に出して確認することも重要になるでしょう。そうしたときにピッタリなゲームが次に紹介する「ザ・ゲーム」です。

THE GAME

相手と私の「ちょっと」が違うことを理解する
ザ・ゲーム

写真1・4　ザ・ゲーム
完全日本語版（2015年）

対象年齢	8歳以上
説明時間	5分
プレイ時間	15〜20分
プレイ人数	1〜5人
発行・販売	アークライト
ゲームデザイン	シュテファン・ベンドルフ

🔹 ゲームの概要

　ザ・ゲームは非常にシンプルなルールであそぶことができるカードゲームです。ルールを初めて知ったときは「これでゲームとして面白いのか？」と思うほどでした。

　しかし実際にプレイしてみると本当に面白い。2015年ドイツ年間ゲーム大賞にもノミネートされるのも納得の面白さでした。

　ザ・ゲームは協力型ゲームです。協力型ゲームとは、プレイヤー同士が協力してあそぶタイプのゲームで、プレイヤーは1つの目的に向かって一致団結して進めます。

　プレイヤー同士が競い合う対戦型ゲームは、プレイヤー内で勝者と敗者に分かれますが、**協力型ゲームはプレイヤー全員が勝者または敗者なので、成功や失敗を全員で共有できる点が特徴**です。プレイヤー同士のコミュニケーションが前提になるためWSとも親和性が高く、CHAPTER 2で紹介するゲームのうち、半数以上が協力型ゲームになっています。

　協力型ゲームは、プレイヤー間のコミュニケーションが非常に重要です。プレイヤー同士で**しっかりと話し合いをしているチームほど、勝率が高い**ように思います。とはいえ、コミュニケーションには一定の制限があります。そこがこのゲームの難しさであり、面白さでもあります。

あそび方

ルールに従い手札を出す

　プレイヤーはあそぶ人数に応じた手札を受け取ります。手札は他人には見せず・口外できません。カードは2から99までの数字が書いてあり、同じ数字は1枚もありません。

　自分の番が来たら、2枚以上（ゲーム終盤は1枚以上に変化）の手札をルールに従って、場に出さなければなりません。もしも、場に出すことができなければ、即座にプレイヤー全員がゲームオーバーとなるシビアなゲームです。

　逆に順当にカードを出していき、山札をゼロにし、全プレイヤーの合計手札を既定の枚数まで減らすことができれば勝利です。全プレイヤーの手札すらゼロにすることができれば完全勝利となります。

　手札を出す際のルールですが、カードは4つのエリアのうちどこかに出すことができます。そのうち、2つのエリアは数字が昇順になるように出していき、もう2つのエリアは降順になるように出していきます。このとき、数字が連番である必要はありません。

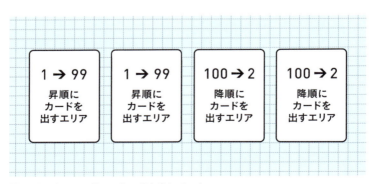

図1・2　4つのエリアにカードを出していく

特殊ルールで逆順も可能

　場の数字とちょうど10違うときのみ、本来の順序とは逆順で（昇順のエリアに降順で、降順のエリアに昇順で）手札を出すことができる特殊なルールがあります。

　（昇順の場合の基本の出し方）5→17→26→35→…

　（昇順の場合の特殊ルール）5→17→26→16→19→22→…

　降順の場合も同様の手法が可能です。このような特別ルールを上手に使うことにより、何度も復活し、ゲームオーバーになりそうでならない展開を楽しむことができます。

コミュニケーションに制限がある

　各プレイヤーは、ゲーム中に他のプレイヤーに手札の数字を尋ねたり、自分が持っている手札の数字を伝えることが禁止されています。また、上の巻き戻しができるか否かを直接伝えることも禁止されています。

　この制限があるため、プレイヤーは

　「この列、あと"ちょっとだけ"大きくしても良いですか！？」

　「"ちょっと"ならOKです！」

　（カードを出す）

　「（え！？それが"ちょっと"！？）ぎゃああああ！」

というすれ違いが頻繁に起き、非常に盛り上がります。逆に読み通りの数字が出たときなどは拍手が起きることも。これらのやりとりはコミュニケーションを制限されているからこそ生まれる面白さです。相手の伝えたい内容を必死に手繰り寄せる必要があります。

研修での活かし方

　ザ・ゲームは協力型ゲームであり、プレイヤー同士で一致団結して勝利を目指すタイプのゲームです。敗北・勝利・完全勝利の3とおりの決着がありますが、大人が本気で挑んでも完全勝利することはなかなかに難しい難易度になっています。

このゲームで求められるコミュニケーション能力

①伝える力	★★★★☆
②受け取る力	★★★★☆
③想像する力	★★☆☆☆

　本作を研修で扱うことの価値は、**「あなたと私の『ちょっと』が違う」という感覚をしっかりと体験する**ことにあります。

　Aさんは10のズレを「ちょっと」と表現するかもしれません。Bさんは3程度のズレかもしれません。じゃあCさんはどうでしょう。

　これを日常の業務に置き換えると以下のようになります。

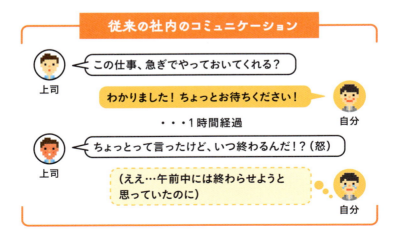

ズレを言語化することで
アップデートされるコミュニケーション

上司： この仕事、急ぎでやっておいてくれる？

自分： わかりました！ 正午までには終わらせます！

・・・11時45分

自分： 終了しました！

上司： 助かったよ。ありがとう！

　本作ではルール上、具体的な数値を口にすることは禁止されているので、「ちょっと」や「すごく」のような曖昧な表現しかできません。ゲームとしてはこのルールのおかげで素晴らしい面白さを生み出しているわけですが、一方でこのゲームをプレイすると、曖昧な表現の不便さや危険性に気づくことができるでしょう。

　この気づきを得ることによって、今後はお互いにズレが生じないような表現を意識するようになります。これにより、日常生活でも業務上でもトラブルの種が1つ減り、円滑に過ごせるようになるでしょう。

　「あなたの『ちょっと』と私の『ちょっと』は、ちょっと違うかも？」と疑うことが大事、ということです。

数字を言葉で例える協力型ゲーム
itoレインボー

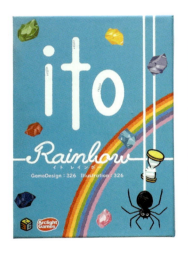

写真1・5 itoレインボー（2021年）

対象年齢	8～99歳
説明時間	5分
プレイ時間	5～15分
プレイ人数	2～14人
発行・販売	アークライト

ゲームデザイン	326（ナカムラミツル）
イラスト	326（ナカムラミツル）
グラフィック	嶋田美咲（アークライト）
リードデベロップ	橋本淳志（アークライト）
編集	後藤翔、野澤邦仁（アークライト）

🔸 ゲームの概要

「itoレインボー」は、言葉をつかって楽しむ協力型のコミュニケーションゲームです。**数字を「言葉」に例えるだけで、こんなにも盛り上がるのかと驚く**と思います。

基本的なルールは、自分に配られた数字カードをお題に沿った「言葉」で例えて、みんなで相談しながら小さい順に並べます。全部並べ終えたあと、数字カードをオープンして数字が正しく並んでいればミッション成功です。

ただし、自分の数字を直接伝えるのはNGです。あくまでも何かの「言葉」に例えなければなりません。伝わりそうで伝わらない、もどかしさが面白いパーティーゲームです。

1セットで、基本モード『クモノイト2.0』と、対戦＆協力モード『ニジノイト』の2種類のあそび方が可能です。1作目の「ito」に続く2作目として制作された「itoレインボー」は前作からお題が一新され、誰でもあそべる一般的なお題に加えて、「猫になって考えよう」「魔法使いになって考えよう」など、よりバラエティに富んだ質問が追加され、何度も楽しめるようになっています。

2024年には3作目となる「itoクラシック」も発売され、累計発行30万部以上にのぼる、非常に人気のあるシリーズとなっています。

🎲 あそび方

　基本モード「クモノイト2.0」についてご紹介します。誰かが今回のお題を読み上げます。続いて、全員が数字カードを1枚ずつ引き、数字を覚えて自分の前に伏せておきます。それから時間を計ります。制限時間内に、各プレイヤーは自分が配られた数字を「言葉」で例えます。

　仮にお題が「小さい子どもが好きそうな食べ物」で、自分の数字カードが「90」だったとします。数字カードは1〜99までなので、「90」は子どもがかなり好きそうな食べ物ということになります。皆さんなら何と例えますか？　「ハンバーグ」や「お子様ランチ」なんていいですね。逆に「ピーマン」や「にんじん」だと小さい数字だと推理されてしまうでしょう。

　全員が「言葉」で自分の数字を伝え、伏せたままの数字カードが小さい順に並ぶように相談しながらカードを並び替えます。制限時間内なら「言葉」を言い換えるのも可能なので、他のプレイヤーの「言葉」を聞いてから変更するのもいいでしょう。

　制限時間になったら、全員のカードをオープンして答え合わせをし、正しい順番に並んでいればクリアとなります。正解しているときも盛り上がりますが、「どうしてその数字でその『言葉』なの!?」と間違っても一層盛り上がります。むしろ**間違えたほうがそのプレイヤーの考え方を聞けて、相手について一歩深く知ることができる**かもしれません。このように、他のひとの「言葉」を聞いて、意図をうまく汲みとることが大切なゲームです。

🎲 研修での活かし方

　自分の数字を「言葉」に例えることがこのゲームの肝です。上手に伝えることはもちろん重要なのですが、もう1つのポイントは他のひとの「言葉」をしっかり聞くことだと思います。ルール上、制限時間内であれば何度でも自分の「言葉」を変更していいので、他のプレイヤーの「言葉」を聞いて、場の状況を推測し、自分の「言葉」を変更することが可能です。

　コミュニケーションゲームは山ほどありますが、「相手の話を聞いてから自分の発言を変更していい」というプロセスが存在するゲームは多くはないと思います。**自分の「言葉」を変更して相手のリアクションを見て、再度変更する。そんなチューニングをする作業**になります。このプロセスは現実のコミュニケーションでも非常に重要なはずです。

このゲームで求められるコミュニケーション能力

①伝える力	★★★★★
②受け取る力	★★☆☆☆
③想像する力	★★★★★

　本作は伝える手段、相手の意図を理解する手段として「言葉」をたくさんつかいます。相手が何を伝えようとしているのか、相手の内面を想像する必要があります。どれだけ想像を巡らせても現実はうまく行かないもの。ゲームに勝っても負けてもとにかく楽しい。コミュニケーションのお手本のようなゲームです。

Hitotoiro

色のイメージを全員で統一する
ヒトトイロ

写真1・6　ヒトトイロ（2017年）

対象年齢	8歳～
説明時間	5分
プレイ時間	20分
プレイ人数	2～6人
制作・販売	COLON ARC
ゲームデザイン	大谷直史
イラスト・デザイン	わと

⬛ ゲームの概要

　「ヒトトイロ」は、お題から連想される色を全員で揃えることを目指す協力型のコミュニケーションゲームです。

　全プレイヤーに15色のカラーカードを配ります。そこからランダムに取り除く5色を選び、全員が同じ10枚の手札を持ってゲーム開始です。

　親は山札からお題カードを1枚引き、1番上のお題を見ます。仮に「鳥」というお題だったとします。全員が同じカラーカードを揃えることが目的なのでみんなで共通認識を持てるような連想ワードをいうといいでしょう。黒いカードが手元にあるなら「カラス」なんていいですね。灰色のカードがあるなら「ハト」もいいでしょう。「カワセミ」「オウム」などは判断が難しいので再考したほうがいいかもしれませんよ。

　親の連想ワードに対して、全員カードを選び、1枚を伏せて出します。そうしたら親は隣に移ります。これを5回繰り返すのですが、お題カードの難易度が徐々に上がっていくので注意が必要です。最後の答え合わせでは、伏せて並べた手札を1枚ずつオープンし、全員のカラーカードが色も順番も揃っていたらプレイヤーの勝ち、1枚でも揃わなかったら負けとなります。

　お題カードのお題を簡単なものに限定したり、難しいものに限定することで難易度の調整が可能です。さらに、カラーカードを除外せずに15枚すべてつかってあそぶと最高の難易度になります。

あそび方

　協力型ゲームなので、親は全員が揃いやすい連想ワードを言わなければなりません。仮に「リゾート」というお題に対して「海！」と言ったとしましょう。それを受けて、全員カラーカードを1枚出すわけですが、カードには青も水色もありますので、答えがバラけてしまう可能性があります。それどころか、過去には「海」に対して「白」を出したプレイヤーもいました。理由を聞くと「海の波のイメージ」とのこと。ゲームとしては負けましたが、感性のズレは本当に面白いと感心したものです。

　このゲームの面白さの1つは思惑がくずれる瞬間だと思います。上の例でいうと、「海」という連想ワードに「白」のカードをつかってしまったプレイヤーは、後半で「雪だるま」という連想ワードが出たときに「え？　そんなの無くない？」となるわけです。そこで全員が「え？　うそでしょ！？」と事態に気づきます。この瞬間に爆笑が生まれます。

　もう1つの面白さは**生まれや育ち、年齢によって"色のイメージ"が違うことがわかる**場合です。過去にBG体験会で「名探偵コナン」という連想ワードが挙がりました。皆さんなら、何色のカードをだしますか？　私なら「青」。次点で「赤」を出すのですが、なんと「黒」を出したプレイヤーがいたのです。みなさん驚き、「え？なんで！？」と聞かれたのですが、「黒」を出したプレイヤーは「コナンといえば"黒の組織"でしょ！」と力説していました。もちろん、みなさん大爆笑でした。

　他のコミュニケーションゲームと同じく、勝利すれば嬉しい。失敗しても楽しい。オススメのゲームです。

研修での活かし方

親子ゲーム会で、「ルパン三世」という連想ワードに対して、父親は「みどり」息子は「赤」を出して、ズレてしまったことがあります。その後、父親は「ルパンのジャケットは、昔は緑だったんだよー!」と息子に教えていました。親子のコミュニケーションはほっこりしますし、世代間で知識を交換し合ういい機会ですが、果たしてあの場面で父親が出すべきカードは「みどり」だったのでしょうか。8歳の息子が隣にいて、その息子が「ルパン三世=みどり」を連想できるかどうか。そこまで想像できるひとが「コミュニケーション能力が高いひと」といえるでしょう。

このゲームで求められるコミュニケーション能力

①伝える力	★★★★★
②受け取る力	★☆☆☆☆
③想像する力	★★★★★

"色のイメージ"という極めて主観的なテーマでありながら、全員で揃えなければならないというルールは、他のプレイヤーのことをしっかりと理解・想像することが必要ですし、親はいかにイメージが統一されやすい連想ワードをいうかというテクニックも求められます。

ルールは非常に簡単なのですが、勝利することはなかなか難しく、**一度体験すると、自分と他のひとのもっている「イメージ」がどれだけズレているかを実感することができる**でしょう。

Watashi no Sekaino Mikata

あなたの見方を想像する
私の世界の見方

写真1・7　私の世界の見方（2015年）

対象年齢	10歳〜
説明時間	5分
プレイ時間	30分
プレイ人数	2〜9人
ゲームデザイン	Urs Hostettler
アートワーク	森木ノ子
制作・進行	田中誠、田中彰子、長塚美奈子
製造	タチキタプリント
発売	テンデイズゲームズ

040

ゲームの概要

「私の世界の見方」は、2004年にドイツで発売され、ドイツ年間ゲーム大賞の審査員推薦作にも選ばれたコミュニケーション系ゲームの日本語版です。非常にシンプルなルールなので、誰とでもすぐにあそべ、カードの豊富さや、ゲームの面白さから、何度もくりかえしあそぶことができます。私が運営するボードゲームカフェでも開店当初からずっと活躍している人気作品です。

親は「お題カード」を読み上げ、子は「お題カード」の空欄を埋めるための回答が書いてある「それカード」を出します。その後、親は自分が最も気に入った「それカード」を選ぶというシンプルなルールです。

基本的なルールはたったこれだけなので、非常に簡単ですが、「お題カード」の文章と「それカード」の単語にはひと癖あるものが多くなっており、それらが生み出す化学反応には爆笑間違いなしです。また、親が気に入った回答を選んだ理由を聞くのも盛り上がるでしょう。

発売元のテンデイズゲームズでは、日本語版の発売にあたり、日本語オリジナルのお題のアイデアコンテストを行っています。

写真1・8 「お題カード」と「それカード」

🎲 あそび方

まず全員「それカード」を12枚引き、その後、親は「お題カード」を1枚引きます。親は内容を読み上げ、子は、「お題カード」の空欄に合うと思う「それカード」を自分の手札から伏せて出します。

全員が親に提出したら、山札から1枚の「それカード」をランダムで混ぜ、よくシャッフルします。その後、1枚ずつ表にしていき、親は最もお気に入りの「それカード」を選びます。この選ばれたカードを出したプレイヤーは、得点を獲得し次の親となります。

たとえば、このような面白い組み合わせが出てきます。

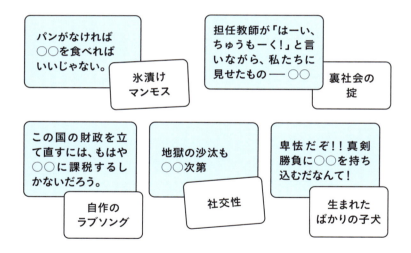

自分が自信をもって出したカードが親の感性にピタリとハマったときの嬉しさは本当に大きなものです。逆に選ばれなくても他のひとの回答を聞いているだけでも楽しむことができます。

🎲 研修での活かし方

　親に気に入ってもらえるカードを出せるかがすべてです。そうなると、親のことを知らなければ面白くないではないかと思うかもしれません。

　しかし、このゲームをプレイすることが人間の内面を知るプロセスの1つになると考えてみるのはどうでしょう。**「親の好みを知らないから勝てない」ではなく、「親が選ぶカードを見て親の人柄を知る」という考え方もできる**はずです。社内コミュニケーションの円滑化にも役立つといえます。このゲームをとおして感性がぴったりなひとが見つかるかもしれません。

　業務の場では、初対面の市民のキャラクターは不明なのが当然です。その状態でコミュニケーションを図る必要があるため、やはり相手の内面を想像する力が大切になるといえます。

このゲームで求められるコミュニケーション能力

①伝える力	★★☆☆☆
②受け取る力	★☆☆☆☆
③想像する力	★★★★★

　親が気に入るようなカードを選ぶという意味では「想像する力を育むゲーム」という側面も確かにあるのですが、本ゲームはそれ以上に笑いが絶えないパーティーゲームであることも推したいポイントです。ルールが本当に簡単なので、ゲームに不慣れなひとでもすぐに一緒に楽しくあそぶことができる素晴らしいパーティーゲームです。

Umigame no Soup

水平思考を学ぶ
ウミガメのスープ

写真1・9　ウミガメのスープ（2021年）

対象年齢	10歳〜
説明時間	5分
プレイ人数	何人でも
発行・販売	幻冬舎
クイズ制作	古川洋平（クイズ法人カプリティオ）

ゲームの概要

ウミガメのスープは「水平思考（ラテラルシンキング）」を鍛えるのに絶好のクイズタイプのカードゲームです。

水平思考とは、問題を解決するために固定観念や既存の論理にとらわれず、「物事を多角的に考察する」「新しい発想を生み出す」ための思考法のことです。

これに対して「垂直思考（バーティカルシンキング）」は、与えられた枠の中で問題解決を探る思考法です。垂直思考はデータや事実に基づいて順番に話を進めるので、説得力があり、正しく答えを導くことができます。

水平思考を最初に提唱したのは、マルタ共和国の医師で、心理学者でもあるエドワード・デボノ博士です。1960年代にそれまでの論理的思考や分析的思考を垂直思考と呼び、それに対して論理に頼らない直感的な思考を水平思考として提唱したのです。**社会情勢が加速度的に変化している昨今、蓄積型の垂直思考だけでなく、前提条件を変化させる水平思考もつかい分けることで有益なアイデアを生み出せる**のではないでしょうか。

ここで、"水平思考クイズ"として有名な問いをご紹介します。

「13個のオレンジがあります。これを3人で均等に分けるにはどうすればよいでしょうか」

どのような答えが浮かびますか？

ぜひ考えてみてください。

🎲 あそび方

　カードには片面に問題が書いてあり、裏面にはその答えが書いてあります。

　出題者（親）と、回答者（子）に分かれ、親は問題を読み上げます。問題を直接見せてもいいでしょう。その後、子は親に様々な質問をしながら解答に歩み寄っていきます。

　そのときに質問の仕方にはルールがあります。「必ずクローズド・クエスチョンにすること」というものです。クローズド・クエスチョンとは「YES/NO」で回答できる質問のことです。親は質問に対して「YES/NO/関係ない」の3種類で回答することを繰り返して正解を目指します。必要に応じて親がヒントを出してもいいでしょう。

写真1・10　表面には様々な問題と、シンキングタイムの目安が書かれている

🎲 研修での活かし方

　本作を一通り体験すると、水平思考の基礎を身につけることができるでしょう。日頃、**無意識のうちに前提条件として受け止めていることがらについて、そもそもそれが本当に当たり前なのかを疑う頭の働かせ方がわかる**はずです。共同作業に必要な前提を共有する機会に実践すれば、目的の見つめ直しや手順の効率化といった効果が期待できるでしょう。

このゲームで求められるコミュニケーション能力

①伝える力	★★☆☆☆
②受け取る力	★★★★★
③想像する力	★☆☆☆☆

　本作は、視野を一段階広くするために必要な質問の仕方を身につけることができるゲームです。得意なひとはあっという間にコツをつかめるようで、**曖昧な問題文に対して、次々と鋭い質問を投げかけ、輪郭を明らかにできる**ようになります。

　なお、カードに書かれた問題には少々物騒な言葉も入っているため、公的な場でつかうときは、事前に問題をえらぶ必要がある点に注意してください。

　研修以外で特にオススメしたい場面は旅行でしょうか。以前、友人たちと行ったキャンプでは、行き帰りの車中でずっとクイズが出され、夜も焚き火を囲んでクイズが続きました。持ち運びに優れ、テーブルやイスなども不要なので、屋外でも活躍するゲームです。

Haa tteiu Game

感情を読む
はぁって言うゲーム

写真1・11　はぁって言うゲーム（2021年）

対象年齢	8歳〜
説明時間	5分
プレイ時間	10〜15分
プレイ人数	3〜8人
発行・販売	幻冬舎
ゲームデザイン	米光一成

ゲームの概要

「はぁって言うゲーム」は、与えられたお題について、声と表情だけで演じて当て合うコミュニケーション系カードゲームです。

各プレイヤーはお題カードに示された共通の台詞を、A〜Hに書き出されている8つのシチュエーションで演じ、他のプレイヤーはそれぞれどのシチュエーションを演じているかを当てます。

お題には、「はぁ」「さぁ」「えー」といった一言のほかに、「寝顔」「振り向いて」「ウィンク」「うなずき」などの仕草もあります（写真1・12）。

えー
- A アルファベットの「えー」
- B 膨大な宿題に「えー」
- C 告白されて「えー」
- D 聞き取れないときの「えー」
- E スピーチの「えー」
- F マジで?の「えー」
- G 半ギレの「えー」
- H パニックの「えー」

うなずき（表情のみ）
- A あいづちのうなずき
- B わかるぞ、のうなずき
- C 興味がなさそうなうなずき
- D 怒られたときのうなずき
- E あいさつするときのうなずき
- F おいしいときのうなずき
- G 上から目線のうなずき
- H 告白にOKするときのうなずき

THEME CARD
お題カード

写真1・12　お題カードの一例。同じ言葉や仕草でも、そこに込められる可能性のある意図の幅が広いことを再認識できる

🎲 あそび方

　まず、全員共通の「お題カード」を1枚選び、場に出します。その後、A〜Hの「アクトカード」を伏せて全員に配布します。**写真1・13の例の場合、A**のアクトカードを配られたプレイヤーは、「なんで?の『はぁ』」を演じることになります。1人ずつ自分が与えられたシチュエーションを声と表情だけで演じ、他のプレイヤーは演技者がどのアクトを演じているか投票していきます。

　全プレイヤーの演技が終わったら正解発表です。正解したら投票者と演技者の両方に得点が入ります。最終的に最も得点が多いプレイヤーの勝ちとなります。

　「ええ？　それが『怒りのはぁ』なの!?　もっと怒ってくださいよー！」「僕は怒るとクールになるタイプなんです！」「いや、そんなこと知らないよー！」と、おそらくゲーム中に何度も大爆笑が起こることでしょう。勝ち負けも大事ですが、それがBGであそぶ上で最も大切なことだと思います。

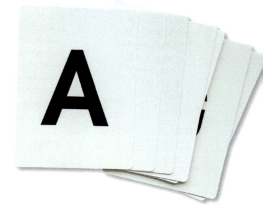

写真1・13　アクトカードが「A」ならば、なんで?の「はぁ」を演じる

050

🎲 研修での活かし方

ルールはとてもシンプルですが、一方でプレイヤーとして「はぁ」を表現することや、他のひとの「はぁ」から感情を読み取って正解することは簡単ではありません。たとえば、感心の「はぁ」とおどろきの「はぁ」の演じ分けや見分けの難しさにきっと驚くはずです。

本作を体験すると、**人間の感情表現の幅に改めて気付く**でしょう。他のひとの表現を見て「自分だったらこう表現するのに」と驚くこともあると思います。

このゲームで求められるコミュニケーション能力

①伝える力	★★★★★
②受け取る力	★★★★★
③想像する力	★★★☆☆

私と同じようにコミュニケーション研修を実施している臨床心理士の友人と本作について語り合ったとき、私は本作を「受け取る力」が重要と答えた一方で、その友人は「伝える力」が重要と言いました。最終的には「どちらも大事」という結論になったのですが、自分に足りない力が本作をとおして浮き彫りになったようで興味深かったです。皆さんはどちらの力により重きを置くでしょうか。ぜひ体験してみてください。

対象によって
響く言葉が違うことを認識する
なんで？

写真1・14　なんで？（2021年）

対象年齢	8歳〜
説明時間	5分
プレイ時間	30分
プレイ人数	1〜5人
ゲームデザイン	創志郎
イラスト	ヒガシ マサユキ

🔸 ゲームの概要

「なんで?」は親プレイヤーの質問に全員が回答し、親が一番納得した回答が選ばれ得点となる、コミュニケーション系パーティーゲームです。ゲームデザイナーは子育て中のお父さんで、子育てをとおして経験する、子どもの素朴な質問に対するやりとりから生まれたBGです。ゲームの制作にあたっては、2021年3月27日〜6月13日にクラウドファンディングが行われ、41人の支援により約16万円の資金を集めました。

実際に子どもから受けたリアルな質問を、色々な年齢の子どもにどう説明するかを考え、子どもが一番納得しそうな回答を考える必要があります。また、質問カードに書かれたQRコードを読み込むと、各質問とそれに対するベストアンサーが載っている投稿サイトにアクセスでき、これまでの他のプレイヤーのベストアンサーを知ることができます。

写真1・15 育児をしていれば必ず一度は受けたことのある質問がたくさん

あそび方

親プレイヤーは「質問カード」と「キャラクターカード」を引きます。たとえば、「セミはなんで羽化するの？」という質問カード、「3才男の子」というキャラクターカードを引いたとします。

1分間、時間を計ったら、親から時計回りに1人ずつ、この質問に対する答えを発表します。思いつかなければパスをします。この例の場合は、出そろった回答に対して親は自分が「3才男の子」になったつもりで、どの回答に一番納得したのかを選びます。選ばれたプレイヤーは質問カードをもらうことができます。

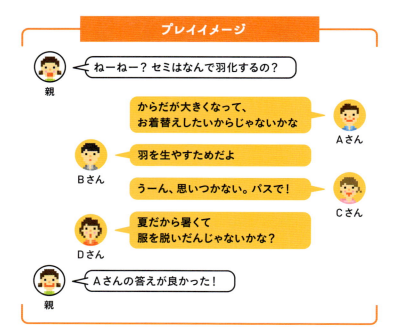

時計回りに次のプレイヤーに親を交代し、きめられた回数ゲームを行ったらゲームが終了します。最も多く質問カードを手に入れたプレイヤーが勝利となります。

🎲 研修での活かし方

　キャラクターカードにある「3才男の子」と「小学校高学年の女の子」では同じ質問に対しても、求められる回答がまったくちがうことが想像できると思います。しかし、その「ちがい」を言語化できるかは別で、そこが本作の難しさであり、面白さでもあります。

　キャラクターカードには「拡張カード」もあり「99才おじいちゃん」や「ブラック企業に勤めてるんだがもう限界かも知れないお兄さん」などもあり、何度もくりかえしあそべるでしょう。

　研修でつかうときは、**自分たちの組織が日々やりとりする相手をモデルにしたキャラクターカードをオリジナルで作成してみるのも面白い**かもしれません。

このゲームで求められるコミュニケーション能力

①伝える力	★★★★★
②受け取る力	★☆☆☆☆
③想像する力	★★★★★

　本作はキャラクターカードがポイントで、**「誰」への解像度を上げ、「誰」に対しての言葉なのかを意識することが大切**です。これは日々の業務でも同様で、同じ言葉をつかっても、"響く"ひとがいれば、"響かない"ひともいます。相手の内面をしっかり考えることの重要性をあそびながら学ぶことができるコミュニケーションゲームです。

055

I felt...

出題者の気持ちを想像して感じ方の違いを楽しむ
ソノトキボクハ

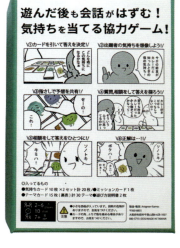

写真1・16　ソノトキボクハ（2021年）

対象年齢	7歳〜
説明時間	5分
プレイ時間	10〜15分
プレイ人数	2〜6人
発行・販売	AvignonGames
ゲームデザイン	スイタ氏

056

🎲 ゲームの概要

「ソノトキボクハ」は、質問・相談をとおして親プレイヤーの気持ちを想像し、制限時間内に正解することを目指すコミュニケーションゲームです。**同じ体験をしても感じ方はひとそれぞれ**。このゲームはそんなお互いの感じ方の違いに驚き、違いを楽しむパーティーゲームです。

2022年にクラウドファンディングを行い、133人の支援により約60万円（121%）の資金を集めました。さらに、海外クラウドファンディングでも成功し、全世界に向けて英語版「I felt...」として発売しています。

2024年には埼玉県横瀬町の木材を利活用したテーブルと本作が掛け合わさったテーブル「ソノトキボクハテーブル」がつくられ（**写真1・17**）、ふるさと納税返礼品にもなりました。同年、作者のスイタ氏は同町の地域おこし協力隊に就任し、BGや謎解きを用いたまちのPR、交流の場づくりを展開していく予定とのこと。ゲームをきっかけにまちづくりにも展開が進んだ好例です。

写真1・17　ソノトキボクハテーブル

🎲 あそび方

まず、出題者（親）と回答者（子）に分かれ、親は「気持ちカード」の束からランダムに1枚を引きます。これが、子が当てる答えになります。親は「気持ちカード」に描かれている気持ちになったときのエピソードを思い出し、子に伝えます。子は親の気持ちを想像しながら聞きます。

親のエピソードを聞いたら、子は自分が正解だと直感したカードを一斉に1つ選びます。その後、子は親に質問をしたり、子同士で相談をしたりして、正解を予想します。質問の回数に制限はありません。制限時間は3分です。制限時間が来たら、子の代表は「ソノトキキミハ」と言いながら、答えだと思う「気持ちカード」1枚を選びます。

親は「ソノトキボクハ（ワタシハ）」と言いながら、自分の選んだ「気持ちカード」を発表します。子の予想が当たっていたら、ミッションカードのフキダシコマを1マス進めます。

全員が親を体験したらゲームが終了します。正解した数によってプレイヤーたちの評価が決まります。

写真1・18　親が正解を発表する「ソノトキキミハ？」の瞬間。正解はどれだろう？

🎲 研修での活かし方

　本作は他のひとの感情を想像するというゲームです。言語に相手のキャラクターを重ね合わせて推理していきます。また、ルール上、制限時間内であればどれだけ質問をしてもいいので、何度かプレイするうちに聞き方が上手になっていきます。

このゲームで求められるコミュニケーション能力

①伝える力	★★☆☆☆
②受け取る力	★★★★☆
③想像する力	★★★★★

　「ザ・ゲーム」（p.26）が、言葉の解釈が他のひとと異なることを認識できるゲームであったのに対して、本作は特定の経験をとおして生じる感情の違いを知ることができます。

　たとえば、「春の昼下がりに気持ちのいい風が吹いた」というお題が、Aさんはニコニコ顔、Bさんは大喜びの顔をしている一方で、Cさんは悲しい顔をしているかもしれません。なぜでしょう？ Cさんに聞いてみると「花粉症だから…」なんて答えが返ってくるかもしれません。このように、ゲームをとおして出題者の内面を一層深く理解することができるでしょう。

　とある体験会では、「娘に『パパ大好き』って言われた」というお題が出され、「やったぜ！という笑顔」「少し照れているような笑顔」「穏やかな笑顔」が選択肢でした。これに対して、子どもがいない男性は「少し照れているような笑顔」を、子どもがいる男性は「穏やかな笑顔」を選んだところ、正解の「気持ちカード」は「穏やかな笑顔」でした。**共通の経験があると相手の感情を想像しやすい**ことを実感したエピソードです。

CHAPTER 2

まちづくりに活かそう！
現場につかえる
ゲームカタログ

CHAPTER 2はまちづくりや社会課題の解決をテーマに
つくられたボードゲーム（BG）を紹介します。
環境、防災、教育、都市デザイン、福祉など
テーマは多岐にわたります。
CHAPTER 1とは違い、市販のゲームもあれば、
体験しかできないゲームもあります。
ファシリテーターが必要なゲームもあれば、
そうでないものもあります。
研修や連続ワークショップ（WS）などで実際に
活用した場合をイメージしながら読んでみてください。
BGをつかって、「まちづくり」について考えてみましょう。

まちをジオラマ的に
体感してみる

観光	**カマクラコレクション**
対戦	鎌倉をめぐり、満喫する

景観	**カワサキケイカン ボードゲーム**
対戦	自分のまちへの理解を深め、 愛着を育む

観光	ZOOM IN KOBE
対戦	神戸のまちの魅力を体感する

kamakura collection

カマクラコレクション
鎌倉をめぐり、満喫する

写真2・1　カマクラコレクション（2018年）

対象年齢	14歳〜
説明時間	15分程度
プレイ時間	45分程度
プレイ人数	2〜4人
体験機会	一般販売および鎌倉市ふるさと納税返礼品
発行・販売	JUGAME STUDIO・株式会社DEBAYASHI
ゲームデザイン・イラスト	Hiroshi Kawamura
アイデア・プランニング	Yukiko & Takumi

観光体験を通じてまちの魅力を伝える

「カマクラコレクション」は、**実在する鎌倉の観光名所をめぐることで、ゲームをあそびながら鎌倉観光を体験することを目指してい**ます。2017年「鎌倉市商工業元気アップ事業」に選定され、作成されたゲームです。この事業は新商品・新技術・新サービスの開発や、新事業への挑戦を支援するもので、応募案の中から独創性・市場性・実現性などの点で優れた計画を認定し、事業化を支援する取り組みです。本作はステップアップ部門において、『鎌倉の四季折々の風景・名所をテーマにしたアナログゲーム』として商品化されました。なおこのゲームは、鎌倉市ふるさと寄附金の返礼品に指定されています。

ゲームの形式は2〜4人であそぶ対戦型。プレイヤーはグループで鎌倉へ訪れた旅行者という設定です。すべての観光地を回っていては時間が足りそうにないため、2組に分かれて散策を楽しみます。空いている名所を上手に巡り、名物の食べ歩き、花火や座禅の体験、季節の花の撮影など、鎌倉を満喫することを目指します。観光や食べ歩きをしながら、最も多くの人気名所を訪れたプレイヤーがゲームの勝者となります。

散策をして思い出を集める

本作は、自分のコマで鎌倉の色々な場所を散策しながら、止まったマスのコインを獲得して、旅行の思い出を集めるBGです。コインは観光地を巡った際に入手できる「観光地コイン」と食べ歩きをした際に入手できる「食べ歩きコイン」があります。集めたコインは「思い出ボード」に配置していきます（**写真2・2**）。

「移動」のアクションでは徒歩や人力車で自分のコマを移動させます。他のプレイヤーが止まっているマスには止まることができません。

「観光」のアクションでは、自分のコマが止まっているマスに対応した観光地コインを1枚獲得します（図2・1）。すでにコインが無くなっている場合は何も手に入れることはできません。

「タクシーを呼ぶ」のアクションでは、タクシーチケットをランダムに1枚手に入れることができます。タクシーチケットをつかうと、書かれている場所まで一気にワープすることができます。

「休憩」のアクションでは1点を得ることができます。

これらのアクションは自由に行えるわけではなく、他のプレイヤーが行ったアクションはすぐに実行できないルールになっています。他のプレイヤーと同じマスには止まれず、他のプレイヤーが行ったアクションは行えない、という2つの制限がプレイヤー間にジレンマを生じさせ、ゲームとしての面白さを生み出しています。

ゲームは誰かが観光地コインを8枚獲得したら終了。獲得したコインに応じた点数が入り、最も点数を稼いだプレイヤーが勝利します。

プレイイメージ

よし、「長谷寺」のタイルをゲット！
懐かしいなぁ。

ここ、知ってるんですか？

あじさいで有名なお寺だね。実際にあじさいを観に行ったことありますが、ものすごくキレイだったのを覚えてます。

写真2・2 思い出ボードに配置される観光地コインと食べ歩きコイン。旅行の思い出を記録していく感覚でプレイできる

図2・1 観光地を巡って入手できる観光地コインの一覧。鎌倉の名所・名物がイラストで表現されている

まちづくり×ゲーム

2

鎌倉をめぐり、満喫する／カマクラコレクション

067

うーん、「長谷寺」タイルが取られちゃったから、食べ歩き戦略にシフトしようかな。観光地で得点稼ぐのは無理そうだなぁ。

食べ歩きコインは私がほとんどもらっちゃったから、もうあまり残ってませんよー！

うーん、苦しい。あ！「大仏」のマスが空いてる！じゃあタクシーチケットをつかいます！到着！ふふ。これで条件達成できます。

しまった！「大仏」タイル取られちゃった。

たまたまタクシーチケットが「大仏」だったからラッキーでした。

鎌倉といえば大仏ですよね。

たぶん、鎌倉で最も有名な観光地の1つでしょうね。小学校のときに行ってからずっと行ってないので行きたくなってきた。

わかる。今度行こうかなって思ってました。得点よりも、思い出の場所をめぐりたくなるゲームですね。

ああ、それわかります。ゲームの勝ち負けだけじゃなく、納得のゆく観光ができたかが大事って感じありますよね。

私はゲームに勝ちたいです。

ですよね。ぶれないところ、さすがです（笑）

ゲーム終了

鎌倉はたまに行くので、結構思い出の場所があって楽しかった！

鎌倉は行ったことがないので、今度行ってみようと思いました。

徒歩で移動してもいい、電車に乗ってもいい、タクシーもあり、休んでもOK。それぞれの観光スタイルを楽しめましたね。
まさに現実の観光っぽいところが良かった。

みんなが観光っぽさを感じてる時点で観光系BGとして大成功といえそうですね。

私は鎌倉らしい「食べ歩き」で勝とうと思ったけど、「食べ歩き」だけだとさすがに点数が伸びなかったなー。残念。

デザインが洗練されていて親しみやすいですよね。
それでこのBGに関心が生まれる→鎌倉を知る→知らなかった観光スポットを知る→実際に鎌倉に行ってみるという、いい循環が生まれそうです。

「観光地コイン」と「食べ歩きコイン」、「ボーナスポイント」と得点を得る方法がたくさんあるから、全員の戦略の違いが出るところが面白かったかな。

同じマスに入れないし、同じ行動を取れないから、他のプレイヤーを先読みしながら行動しないと、思い通りにポイントが取れないという歯がゆさがありましたね。

マスを占拠されちゃうと辛いですよね。そのあたりは結構シビアなので、BGとしての楽しさもしっかりありましたね。

⚁ ゲームの裏側にあるテーマと実現手法

伝えたいテーマ

①「鎌倉らしさ」ってどういうところだろう？

②観光地ってどんな楽しみ方があるだろう？

③多くのひとにBGを知ってもらうにはどうすればいいだろう？

↑　↓

実現手法

①ボードには鎌倉の名所がイラスト付きで記載されており鎌倉の楽しさが非常にイメージしやすくなっている。

②観光地コインや食べ歩きコインを手に入れるゲームシステムが、鎌倉めぐりの楽しさを伝えるうえで効果的。「食べ歩き」を柱の1つとして表現していることも特徴。**人気のある営みや活動の盛り込みが、「まちらしさ」の表現に一役買っている。**

③ふるさと寄附金の返礼品に位置付けることにより、全国に広く訴求できた。自治体の支援を受けて制作されたBGの好事例。

⚃ 活用した声・エピソード

- ▶ 鎌倉市内の各地で写真を撮る。アクション選択自体が取り合いになり、食べ歩きコインや観光地コインも取り合いになるところが面白い。
- ▶ パステルカラーでおしゃれなデザインが魅力的。
- ▶ 様々な観光地のめぐり方ができて正解がないので、**ゲームの**

> **後で実際にいろんな観光の楽しみ方をしてみようかという関心がわいてきます**。速く移動しても休んでもゲームの勝敗に影響するわけではないですし、人それぞれの観光スタイルのまま楽しめました。
> - デザインが洗練されて親しみやすいし、関心が高まります。知らなかった観光スポットの情報を教えてもらえると、実際に訪れたい気持ちがさらに高まりそうです。
> - デザインが圧倒的に好き。カラーバランスとイラストが抜群。
> - ポイントを獲得する手段とボーナスの種類が豊富なため、各々の戦略の違いが顕著に出て面白かった。
> - 移動・ポイントゲットという2段階のアクションが必要になったり、同じマスに行けなかったりするなどの制約がうまく設定されていて、先読みしながら行動しないと、なかなか思いどおりにポイントが取れない歯がゆさがあった。

執筆時点の2024年秋現在でほぼ完売している状況であり、2022年に発売された続編で紙ペンゲーム形式※の「カマクラお散歩マッププロトタイプ」（**写真2・3**）も完売しています。

※ボードやカードをつかわずに、紙にペンで書き込みながらあそぶタイプのゲーム。コストがかからないのが特徴で最近流行している

写真2・3 サイコロとペンを使ってみんなで書き込みをしながら鎌倉散歩を楽しむ。マップのほかに、ペンとサイコロがあればあそべるため非常に手軽

Kawasaki Keikan BG

2

カワサキケイカン
ボードゲーム

自分のまちへの理解を深め、愛着を育む

写真2・4　カワサキケイカンボードゲーム（2020年）

対象年齢	小学生以上を推奨
説明時間	10分程度
プレイ時間	45分程度
プレイ人数	3〜4人

体験機会	・川崎市内のこども文化センターに配架 ・貸出し ・出前講座 ・ルールやツールをホームページで公開 　（詳細は川崎市のホームページを参照）
制作	川崎市
ゲームデザイン	コミュニティデザインラボmachi-ku

072

捉えどころのない"景観"に親しむ

「カワサキケイカンボードゲーム」は川崎市まちづくり局計画部景観・地区まちづくり支援担当が主導し、"景観"をテーマにしたオリジナルのBGを市民と一緒に制作し、景観まちづくり意識の普及啓発に取り組むことを目指したものです。「そもそも**景観自体、捉えどころがなくて親しみにくいのではないか**」という市の問題意識から、楽しみながら"景観"を学べるようにBGという手法が選ばれました。

私はゲームデザインとプロジェクト全体の企画運営を担当しました。本作は市民参加のWSを経て、およそ2年の期間をかけて作成されています。こうしたプロセスを経たことにより**WSメンバーの愛着が強く育ち、メンバーの中から「カワサキケイカンボードゲームを普及する会」が立ち上げられ、現在も市内の様々な場所で普及活動**を行っています。

ゲームの形式は3〜4人であそぶ対戦ゲーム。プレイヤーは都市プランナーという設定で、**自分のつくる都市の景観をいいものにする**ことを目指します。いい景観ができると、景観ポイント(以下、「KP」)を得ることができ、ゲーム終了時に最もKPを得たプレイヤーが勝利します。

自分だけのまちをつくっていく

プレイヤーは自分のターンになったら建物タイルを1枚引いて自分の前に置き、そのタイルに上下左右がつながるように新たなタイルを置きます。にょきにょきと自分だけのまちが広がります。最終的にまちは4枚×4枚の正方形の形になります。建物タイルは全プレイヤー共通のタイル置き場から引いてくるため奪い合いとなり、必ずしも思

073

い通りのまちにはなりません。

　建物タイルには、家、店、工場、公園、公共施設の5つの種類が存在し（**図2・2**）、それぞれ特徴があります。店・工場のKPは低めですが、配置することで資金を得ることができます。これは法人税をイメージしています。一方で、公園と公共施設のKPは高めですが、配置するために資金が必要になります。これは税金で公のものをつくるイメージです。

　それぞれの建物タイルには「ステージ」が設定されており、ステージが上がると、古い建物から現代的な建物になりKPも増えていきます。ゲームの序盤はステージ1、ゲームの終盤にはステージ3が建てられるようになります。これは都市が更新されていく様子を表現しています。

　このゲームには「ニーズカード」いう重要な要素があり「こんな景観がほしい」「こんな景観が川崎市の代名詞だ」という市民のニーズを表現した内容になっています（**図2・3**）。このカードに書かれているとおりに建物タイルを配置すると条件を達成したことになり、プレイヤーは対象のニーズカードを獲得し、KPを得ることができます。

🎲 プレイイメージ

1コイン支払って公園を取って終了です。この隣に家を持ってくれば「地域のシンボルとなる桜並木」が達成できるのか。

俺の番ですね。店を取ります！ その後に"区画整理"をします！ はい、これでニーズカード「昔のたたずまいを残す旧街道」を達成です！
店を多めに取ってると、お金がたくさんあっていいですね。"区画整理"とか"再開発"がしやすくなります。

074

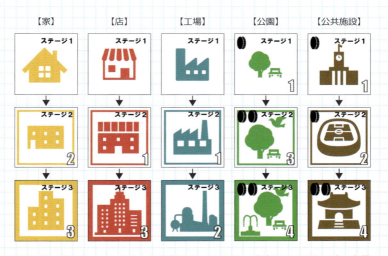

図2・2 建物タイルには5つの種類と3つのステージがある。ステージの上昇は都市の更新を表現している

図2・3 景観への市民の希望を表現したニーズカードの例。条件を満たすと獲得できる

いいなぁ。私、家と公園ばっかりだから、財政が厳しいよ…。

店と工場を集めたら財政潤いますよ。

そうなんだけど、高さんと山さんが店と工場をどんどん取っちゃうから違う戦略で行くしかないかなって。

まぁそれは確かに。

私の番ですね。ステージ2の工場タイルを取ります。ここに置いて…はい、これでニーズカード「ライトアップされた工場夜景」を達成しました！工場夜景が「景観」って川崎っぽいですね。

いいなぁ。じゃあ俺はお金が潤沢にあるので"再開発"のアクションをしてみようかな。この店をステージ1から3に建て替えます！

あ、最初に説明したけど、"再開発"することでニーズカードの条件が満たせなくなることがあるんですよ。「昔のたたずまいを残す旧街道」はステージ1〜2の店じゃないとダメなので、ステージ3へ建て替えしたことにより残念ながら条件が満たせなくなります。

しまった！説明してましたね、それ。ついやってしまった…。

ゲーム終了

 "再開発"をしたことで、「昔のたたずまいを残す旧街道」のニーズカードを手放さなければならなかったのがショックでした。

 昔ながらの魅力的な商店街のまんなかに高層マンションが建ったせいで街並みが崩れて魅力がなくなるっていうのは現実でも良くあることだよね。まさにそのとおりだなと感じました。

 「景観」は群でできているという話をしてましたけど、それが伝わりましたよ。あとは街並みを保全するって大変なんだろうなってのもイメージできました。古い建物タイルを更新したかったけど、安易に更新すると街並みが崩れてしまって、一度手に入れたニーズカードを手放さないといけないのが辛かったです。

 「景観」をゲームとしてつくる上でポイントだったところが伝わっていて嬉しいです。「川崎らしさ」はどうでした?

 僕のところは店だらけの中に、工場と公共施設があって、まさに川崎駅前だなって思いました。

 私は高層マンションだらけのまちに大きな商業施設、それから公園なので、武蔵小杉っぽいなーと思ってたな。

 私はまちをつらぬくみどりが多摩川っぽいなと思ってました。まさに多摩川のニーズカードをゲットしましたけど。

 ゲーム終了後に自分がつくったまちについて語り合ってもらえると嬉しいです。逆に「こんなまちを建物タイルでつくりましょう」ってワークも面白そうですね。

⚃ ゲームの裏側にあるテーマと実現手法

伝えたいテーマ

①「景観」って言葉はよく聞くけど、どういうものが「景観」なんだろう?

②「川崎らしさ」ってどういうところだろう?

↑　↓

実現手法

①建物などが個から群になることで「景観」となることや、時間の経過と共につくられる「景観」もあれば更新されることでなくなってしまう「景観」もあるなど、**「景観」を形づくる要素をゲームシステムに入れ込んでいる。**

②市民参加のWSを行い、「何を"川崎の景観"とするか」という部分は市民と対話を繰り返しながら制作。**「これぞ川崎の景観」という意見を集め、市の考えとすり合わせた。**それぞれの景観について解説するルールブックでは、場所だけでなく景観に対する市の考え方も伝えており、関心に応じてより詳しく知ることができる工夫がなされている。

🎲 活用した声・エピソード

　川崎市役所の職員が小学校にてテストプレイを行ったときの話です。ゲームは盛り上がり、何度もプレイするグループもあったそうですが、そのうち「誰が最も素敵なまちを表現できるか」や「自分の住んでいるまちを、建物タイルをつかって表現しよう」など色々な新しいあそび方が自然に生まれたそうです。**あそび方を自由に発展できるのはアナログゲームの強み**だと思います。

　本作は川崎市全域をテーマに制作しましたが、たとえば学校の授業で使用する場合には、通学路の景観をテーマにしてみると身近な街並みを考える機会にできるなど、**目的やプレイヤーに応じてアレンジすることも可能**です。体験したひとが、景観を身近に感じ、まちに愛着が湧くようなツールとして活用されるのを願っています。

　以下、体験会での感想を紹介します。

- ▶ 公園や公共施設ばかり増やすと赤字になってしまうので、どうやって自分のまちの収入を増やすかを考える必要があった。
- ▶ 行政がつくったボードゲームということで興味が湧いたので体験したのですが、ゲームとして非常に面白かったです。
- ▶ 財政が潤っているまちは、再開発事業などを実施しやすいのはそのとおりだと思った。
- ▶ 「いい景観にしようとすれば得点を稼げる」というより、「高得点を狙ってプレイすると、自然といい景観がつくりだせる、そして、景観形成には何が大切かがわかる」という印象だった。

ZOOM IN KOBE
神戸のまちの魅力を体感する

写真2・5　ZOOM IN KOBE（2021年）

対象年齢	8歳〜
説明時間	15分程度
プレイ時間	30〜60分程度
プレイ人数	2〜6人
体験機会	一般販売
オリジナル版制作	cucafera games

ゲームデザイン	ヌーリア・カセリャス、エロイ・プハダス、ホアキン・ビラルタ
神戸版デザイン／ディベロップ	安田均、西岡拓哉／グループSNE
パッケージ、カードイラスト	別府さい
グラフィック	松田ミア
製造・販売	グループSNE

⊡ "写真撮影"しながらまちをめぐる

「ZOOM IN KOBE」は、神戸のまちのランドマークなどを、「撮影アクション」で撮影しながらカードやタイルを集め、点数を競う対戦型のゲームです。各プレイヤーはフォトコンテストに参加するという設定で、まちなかにある素敵なランドマークや、神戸の中でとくに象徴的な8つのスポットを撮影します。撮影することでカードやタイルを集めて得点を獲得するのですが、コンテストのテーマに合ったものを獲得するとさらに得点がアップするボーナスもあります。

本作は、神戸市街ほぼ全域（中央区／長田区・兵庫区／北区／西区／須磨区／垂水区／灘区・東灘区）を7つのエリアに区切ったボード上でコマを移動させ、**神戸観光をするかのように街並みや施設の魅力を感じるつくり**となっています。徒歩での移動だけでなく、電車をつかった長距離移動や、乗物カードを活用した中距離移動など、様々な移動手段をつかいこなして市内を上手にめぐるのがポイントです。

神戸を知っているひとも、知らないひとも、それぞれの楽しみ方ができるゲームになっています。

なお、本作「ZOOM IN KOBE」はスペインのcucafera gamesが2019年に発売した「ZOOM IN BARCELONA」のシステムを使用したゲームとなっており、ゲームのデベロッパー（開発会社）であるグループSNEの本拠地「神戸」が日本版の舞台となっています。

⊡ 鍵になるのは移動手段の選択

各プレイヤーは撮影アクションで写真を撮影して得点を稼ぎます。場には4〜5枚のランドマークカードが並んでおり、誰かが撮影すると対象のランドマークカードは取られてしまうため、プレイヤーは我先

にと撮影に向かいます。ランドマークカードはその度に補充され、全75か所のランドマークがランダムに登場します。**全国的にも有名な場所や、神戸市民になじみ深いスポットが実際に登場しますので、眺めているだけでも楽しめます**（写真2・6）。それとは別に神戸を象徴する8つのシンボリックスポット（神戸空港、ポートタワー、鉄人28号モニュメント、市章山・錨山、神戸ワイナリー、神戸総合運動公園、神戸ファッション美術館、五色塚古墳）があり、撮影すると対象のタイルをもらえます。これらも重要な得点源になります（写真2・7）。

　移動は徒歩、電車、自転車、タクシー、バスなど様々なタイプがあり状況に応じて適切な移動手段をつかうことが重要です。

　プレイヤーはまちをめぐるなかで、神戸市を象徴するシンボルのひとつである「風見鶏」に出会います。ボード上にランダムに登場する風見鶏を撮影することができれば、様々ないい効果を得られるので、ぜひ撮影したいところです。ランドマークカードもシンボリックスポットも早い者勝ちになるため、どういうルートで市内をめぐるか、どの順番で撮影するか、風見鶏をうまく撮影できるかなど、考えどころが多いのが楽しみどころです。

🎲 プレイイメージ

乗り物カードをつかって、5歩移動しますね。
「六甲ケーブル」に到着。ランドマークカードをゲットです。

あ、アイコンのテーマが合ってるから、ボーナス得点入りますね。

はい。ボーナスカードは優先で狙ってますよ。

写真2・6　撮影アクションで獲得を目指すランドマークカードの一例。神戸を象徴するスポットが取り上げられている

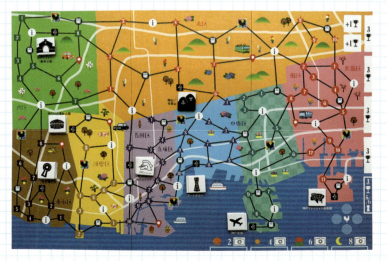

写真2・7　神戸市内をめぐり8つのシンボリックスポットを目指す

私のターン。ポートタワーまであと1歩足りない…これは高さんにポートタワーを撮られてしまう!

そんなときは、カメラのズーム機能をつかえばいいと思いますよ。ズームをつかえば、自分がいるマスから離れたマスでも撮影できます。ゲーム全体をとおして3マス分しかつかえないので、ここ一番でつかってみてください。

 じゃあ早速ズーム機能をつかいます! はい、ポートタワーを撮影して、タイルをもらいます!

ああ! ポートタワーのタイルが無くなっちゃった。では仕方ないので、電車に乗って西区に移動します。俺のターンはおわりです。

 僕のターン。風見鶏マスに行って、風見鶏ボーナスです! 自然光トラックを1つ進めます。

自然光トラックは何でしたっけ?

 日の出→真昼→日没→夜間と、1日の時間の経過を示しているんですが、このトラックを1つ進めるごとに、ゲーム最後の得点計算時にランドマークカード2枚を得点にすることができます。

全然進めてなかった…。これはマズイ。

ゲーム終了

神戸について知れるのがいいですね！行きたくなりました。

カマクラコレクション（P.64）もそうだけど、観光系のゲームってわかりやすいですよね。「有名な場所をめぐりましょう」「その観光地を楽しみましょう」というメッセージなので、ゲームの説明が簡単だし、プレイヤーの皆さんもスッとあそべるように思います。

自分に縁があるまちバージョンがあったら絶対楽しいですね。

それ、私も思いました。私の故郷も観光地なので、故郷バージョンがあったらすっごいやりたいです。

確かに。僕の生まれは観光地じゃないので、観光地じゃない場合は「写真撮影」じゃなくて、違う要素になるのかもしれませんね。

自然光トラックのルールを忘れてました。せっかくランドマークカードをたくさん集めたのに、自然光トラックを進めてなかったので、せっかくのカードが全然得点にならなかったです。

ランドマークカードと自然光トラックのバランスが確かに難しいですよね。ちなみに、ゲームに不慣れな人のためのお手軽ルールっていうのもあって、お手軽ルールだと、自然光トラックのルールはなしになるようです。

それは初心者に優しいですね。研修でつかう場合、みんながゲームに詳しいわけじゃないですしね。

カメラ好きなので、個人的には時間帯ごとに風情の異なる写真が撮れるって設定、すごく好きでした。

⚃ ゲームの裏側にあるテーマと実現手法

伝えたいテーマ

① 「神戸らしさ」ってどういうところだろう？

②観光地ってどんな楽しみ方があるだろう？

↑　↓

実現手法

①ボードが神戸市全域を表現しており、広げるだけでワクワクする演出に。75か所のランドマークカードと、神戸を象徴する8つのシンボリックスポットが登場し、**神戸の見どころの多さや、それぞれの美しさなどがよく伝わる。**

②観光のポイントを「写真撮影」で表現している点が特徴。多くの観光地をめぐり、観光スポットを撮影して得点を稼ぐ形式なので、どのようにして多くの観光スポットをめぐるかが勝負の肝になる。電車で長距離を一気に移動するのか、乗り物カードを集めて移動を重ねるのかなど移動戦略が求められる。また、**1日の時間の流れもゲームのルールに取り込んでおり、1日かけて神戸のまちを楽しむ疑似体験になっている**点もポイント。

🎲 活用した声・エピソード

- 神戸にこんなにフォトスポットがあるんだ、と知れるのは面白いところです。旅行雑誌を見ながらあそぶとか、それぞれのフォトスポットがどんな場所かを知れると、観光地への理解が深まりそうです。

- 私が研修に使用するなら、ゲーム終了後に、**自分の集めたフォトスポットについて調べる時間をつくります。**

- 神戸をよく知ってもらうにはいいゲームで、BG経験者も楽しめるゲームだった。

- 観光地をめぐるのがこのゲームの趣旨ですが、**「自分のまちの史跡を撮影してめぐる」というゲームもつくれそう**だなと思いました。

- 各地域で同様のものをつくることが可能なら、制作段階でもいいコミュニケーションが発生しそう。

- 神戸に土地勘があればもちろん盛り上がるだろうし、詳しくないひとでもいくつかは聞いたことがある場所が出てくるのが観光地・名所が多い神戸ならではの強みだろう。ゲーム後に観光に行くのがよさそう。

- 神戸のまちを知っているひとがいれば、エピソードなどで話が膨らみそうです。

- その地域に勤務が決まったひとを対象にした新人研修に役立ちそうです。プレイ時間が長めに必要なので、ある程度の研修時間が確保できるときに導入するのがよさそうです。

まちの裏側にある
見えないしくみに触れる

| 環境 | どうぶつの里 |
| 対戦 | 里山の生き物の食物連鎖を学ぶ |

| 環境 | めぐるめぐみ |
| 協力 | まちをとりまく水の循環を学ぶ |

環境	クマと僕らの物語
協力	
対戦	クマと人の見えない関わりを学ぶ

どうぶつの里
里山の生き物の食物連鎖を学ぶ

写真2・8　どうぶつの里（2017年）

対象年齢	10歳～
説明時間	5分程度
プレイ時間	15分程度
プレイ人数	2～6人
体験機会	一般販売

発行・販売	BEANS BEE
企画考案	奥宮健太
印刷	萬印堂
イラスト	上田景子
制作協力	高取剛充、中村忠昌
写真提供	中村忠昌

🔲 里山の生き物たちのつながりを知る

　「どうぶつの里」は**ゲームをとおして、子どもたちに自然や生き物にもっと興味をもってもらうことを目指しています**。2〜6人であそぶ対戦ゲームで、配られた手札を順番に出していき、最初に手札を無くしたプレイヤーが勝利となります。食物連鎖がポイントになっており、あそびながら生き物の命のつながりを知ることができます。

　本作は2017年にクラウドファンディングを実施し制作資金を募り、最終的に122%、約25万円の支援金を集めて制作されました。

　作者の奥宮健太氏は現役の生物調査員で、2015年に小笠原諸島の自然が学べるカードゲーム「マザーアイランド」を、同じくクラウドファンディングを利用して制作。そのときに寄せられた「もっと日常生活で目にするような生き物のゲームだったら欲しかった」という声と、学童ボランティアをとおして得た「都心の子どもたちが自然に触れ合う機会が少ない」という気付きが、本作のきっかけになりました。**学童の時間にカードゲームで生き物を知ることができれば、野外活動で自然に触れるときにも恐れずに知っている生き物をみつけ、自然に親しみをもてるのではないかと考えた**そうです。

🎲 食物連鎖をつなげていく

　里山に暮らす動物を中心に60種程度の生き物のカードがあります（写真2・8）。カードには「名称」「キャッチコピー」「分類」「分類マーク」「生息地マーク」「エサ」「エサマーク」が書かれています。「分類」は水草・草・樹木・小さい虫・大きい虫・魚・両生類・ハ虫類・ホ乳類・鳥の10種類。「生息地」はため池・田んぼ・原っぱ・森の4種類です。

プレイヤーは初期手札として5枚のカードを受け取り、自分の番が来たら、1枚を場に出して次のプレイヤーに交替します。カードを出すときは次の2つのルールに従います**(写真2・9、10)**。

　1つ目は、場に出ているカードに対して、場のカードを食べる(捕食する)カードであれば右側に配置、場のカードに食べられる(捕食される)カードであれば左側に配置するというルールです。捕食者・被捕食者が左から右に並んでいくため、食物連鎖の様子がよくわかります。2つ目のルールは、「同一の生息地にする」というルールです。場に2枚目のカードが出されたら、2枚のカード間で同一の生息地を1つ選びます。すると、これ以降のカードはそこで選ばれた生息地に住むカードしか出せなくなります。

　この2つのルールを守ってカードを出していきます。出せないときは山札から引くなどの手順があり、これらを繰り返し、誰かが手札をすべて出し切るか、山札のカードがすべてなくなったらゲーム終了となります。ゲーム終了時に、手札が一番少ないプレイヤーの勝利です。

🎲 プレイイメージ

俺のターンですね!
「"水辺の紳士"シオカラトンボ!」です。

私ですね。じゃあトンボを食べちゃおう。
「"暗がりのカエル"ヒキガエル」です!
生息地は「原っぱ」にします。

原っぱだと出せるカードがないです。
山札から1枚引いてパスです。

写真2・9 場の状態の一例。被捕食者→捕食者の順に並べると、食物連鎖の様子がよくわかる。場に2枚目のカードが出されたとき、いずれかの生息地を指定する（右の例では「田んぼ」）。以後、場が流れる（リセットされる）まで、指定された生息地に住む生き物のカードを出さなければならないルール

写真2・10 緑枠が植物カード、赤が捕食者カード。これらのカードを出すと、場に並んだカードをすべて流す（リセットする）ことができる

僕もパスかな。山札から1枚引いて…お、出せるカードを引きました!「"隠れた名奏者"エンマコオロギ」トンボに食べられちゃうので左側に並べます。

捕食者カードを出します!「"里山の暴れん坊"モズ」です!これで場のカードが全部流れて、俺はもう1枚出せますね。「"湧き水の守り神"アカハライモリ」です。

「"おちょぼ口の淡水魚"モツゴ」です。イモリに食べられちゃう。生息地は「ため池」にします。

じゃあイモリを食べましょう。「"水辺の宝石"カワセミ」!

植物カードを出します。「"変幻自在の水草"ヒルムシロ」。これで場が全部流れて、僕は好きなカードを出します。「"日本最大のトンボ"オニヤンマ」です!昔、コイツ捕まえたときは感動したなー。

オニヤンマ捕まえるって凄いですね。でも俺はオニヤンマを食べますね。「"里山のカエル"シュレーゲルアオガエル」です。生息地は「田んぼ」にしますね。

オニヤンマのほうが強そうなのに!これって普通のアマガエル?

どうでしょうね。あとで調べてみましょう。

094

ゲーム終了

これ、俺好きですねー！ 生き物が大好きなので、もうカードを眺めてるだけで楽しいです。

わかります。僕も生き物好きだから、「え？ この生き物ってこんなところに住んでるの？ こんなの食べるの？」っていうのがたくさんありました。

そうですねー。これは子どもたち好きだろうなー。キャッチコピーを声に出しながらカードを出すのとか、絶対盛り上がると思う。

子どもウケは間違いないですよね。あそびながら、生態系のイメージや食物連鎖が学べるので教育現場でもつかえると思いました。

私としてはデザイナーさんのストレートな熱い思いが伝わってくるところがよかったです。「とにかく生き物が好きなんだ！」「里山の生き物を知ってほしい！」っていう熱いパッション（笑）

それは間違いないですね。

これ里山バージョンなんですけど、正直、自然界のありとあらゆるバージョンがつくれるなと思いました。海洋編とか、ジャングル編とかサバンナ編とか、色々面白そう。

他のバージョンもあるみたいですよ。小笠原の自然を学ぶ「マザーアイランド」ってゲームがあるそうです。

小笠原諸島ですか！ マニアックな動植物がたくさん出てきそう！ それはぜひやってみたいです！

095

⚃ ゲームの裏側にあるテーマと実現手法

伝えたいテーマ

①里山にはどんな生き物がいるんだろう？

②生き物の食物連鎖ってどうなっているんだろう？　「森」や「田んぼ」などのエリアごとに、どんな生態系があるんだろう？

↑　↓

実現手法

①対戦型のカードゲームにしてたくさんの生き物を登場させている。それぞれのカードには写真に加えて、「名称」「キャッチコピー」「分類」「生息地」「エサ」が書かれている。たとえば、ウグイスであれば「原っぱ」や「森」が主な生息地であり、「小さい虫」をエサとしていることがわかる。ゲームとしてあそぶだけでなく**眺めているだけでも楽しいので、カード型の辞書のような役割も果たせる**。

②「カードを並べる」という形で、**日常生活では見えづらい食物連鎖の関係性が効果的に表現**されている。「同じ生息地」のカードを並べる、捕食する生き物を右側に並べるといったルールにより、「森」や「田んぼ」などの生態系のイメージや食物連鎖の順番が一目でわかる。

🎲 活用した声・エピソード

- 色々な生き物がカードとして見れるので、図鑑のような面白さがあると思います。
- **各プレイヤーの手元で食物連鎖を完成させるだけでも、里山の生態系を知ることができそう**だと思います。
- それぞれの動物を知っていても知らなくても会話が生まれていて、いいコミュニケーションツールになっていた。
- カードに生き物のキャッチコピーがあることで、それを読み上げたり、追加で話をしたくなるところがよかった。
- ルールがシンプルでわかりやすく、BG経験があまりなくても、容易に楽しめそうです。
- 題材が誰にとっても身近で興味が湧くものだった。動植物の知識が得られると思います。
- 小学生向けのゲームとしてあそびやすいと思う。
- 大人も知らないマニアックな動物名とか、これがこれを食べるの？という話で盛り上がるのがいい。
- ビジターセンターなどで活用できそうです。事前に目を通し、気づきのヒントになるような声かけができると学びが深まりそうです。

めぐるめぐみ
まちをとりまく水の循環を学ぶ

写真2・11　めぐるめぐみ（2022年）

対象年齢	8歳〜
説明時間	5分程度
プレイ時間	20分程度
プレイ人数	2〜4人
体験機会	一般販売
制作者	一般社団法人CWP × 66（ロクロク）
協力	管清工業株式会社（管路管理総合研究所）

⊡ 水資源の大切さを伝える

「めぐるめぐみ」は、**水という資源の大切さを普及啓発すべく、あそびながら楽しく学んでいくことを目指しています。**

制作主体は「水を通じて人を、まちをつなげ、元気に幸せにしていく」ことを目指す一般社団法人CWPと、「ゲームで課題を解決する」をスローガンにアナログゲームを企画・制作している66（ロクロク）です。

本作は2〜4人であそぶ協力型ゲーム。水を循環させながら生活を続けることができればプレイヤー側の勝利となります。生活するためには水をつかわなければなりませんが、雨が降らなければつかえる水は不足しますし、つかうたびに浄化しなければまちに汚水があふれてしまいます。プレイヤーみんなでつかう水の量をコントロールしながら、最後まで水を循環させることがゲームの目的です。

なお、本作は大野市へ寄贈され、大野市内の小学校や水の関連施設などへ配布されました。また、制作に協力した管清工業株式会社（管路管理総合研究所）は社会貢献活動として「下水道の出前授業」を全国対象に実施しており、本作も含めて水循環に関する啓発を推進しています。

⊡ 水の循環を繰り返し生活を継続する

本作は水の循環がテーマです。海の水が雲になり、雲から雨が降って山に水が移動して、その水は各プレイヤーの様々な「生活」によって、生活排水としてまちに流れます。その水を下水処理場でキレイにして海へ戻す…という流れで水が循環していきます（写真2・12）。

「水マーカー」が水の動きを示しています。このマーカーが海や雲、山を移動することにより、水の循環を表現しています。協力型のゲームで、途中で水の循環ができなくなってしまったら、その時点で全員が敗北となります。逆に、すべての「生活カード」をつかいきることができたらプレイヤー側の勝ちになります。生活カードは、「トイレに行く」や「料理する」、「お風呂に入る」などの生活排水が生じるカードや、「ティッシュがつまる（下水道管が壊れる）」や、「下水道管を修理」、「ゲリラ豪雨」などの様々なカードがあります**(写真2・13)**。勝つためには全員で相談や情報の共有をすることが大切です。

　ゲームはまず、スタートプレイヤーが海サイコロ、雲サイコロの2つを振ります。海サイコロの出た目の分だけ、海から雲へ水マーカーを移動させます。次に、雲サイコロの出た目の分だけ、雲から山へ水マーカーを移動させます。その後、各プレイヤーが1枚ずつ生活カードを出し、それぞれの処理をしていきます。このとき、循環がうまくいかなければすぐにゲームオーバーです。最後に、下水処理場を起動し、まちに溜まっている下水を浄化し、海へ移動させることができます。以上が1つのラウンドで、これを生活カードがなくなるまで繰り返します。

🎲 プレイイメージ

大変！トイレットペーパーつかいすぎて下水道管が壊れました！

おっと、これで下水処理能力が落ちますねー。生活排水があふれるとゲームオーバーなんでそろそろ危ないです。

写真 2・12　雲、雨、山、川、下水管、下水処理場などの要素で水の循環を表現したボード

写真 2・13　水の循環に関わる行動を表した様々な生活カード

私のターンが終われば下水処理なので頑張ってください！

じゃあ私はできるだけ生活排水が出ないカードにしましょう。「水を飲む」のカード。1つだけ生活排水が出ます。セーフ！

じゃあ私のターン。下水道管を直します！これでこのラウンドが終わるので下水処理が起きます。これで持ち直した！

みんな手札があと1枚ずつですね。行けそうですか？

私、雨雲がないとカードが出せないです！今、雲がなさすぎる！

俺、結構でかいカードです。大丈夫かな。

サイコロ振りますね！ 海が6！ 雲が2で、雲が6発生して、2つは雨になりました。さて、僕は「料理する」で水が3つ生活排水になります。あと5つであふれちゃいます。

「お風呂に入る」で、排水が4つ出ます！あと1つでアウトです！！

任せてください。「すぐ浄化する」。生活排水を4つ、すぐに海に移動です！

おおー！ 良かった！ 私は「ゲリラ豪雨」です。雲にある水が3つ、山を通りすぎてそのまま生活排水になります。河さんのカードがなかったら、まちから水があふれて、ゲームオーバーでしたね。ギリギリでクリアです！

ゲーム終了

なんとかクリア！
サイコロの目次第ではアウトでしたね。

意外なところでギリギリの勝負になりましたね。クリアできてよかったけど。

我々のまちはずっと雨が多くて、山が水をたくさん含んでましたね。これ、現実では土砂崩れとか起きちゃうんですかね。ゲームの趣旨とは違うだろうけど。

キッチンがIHコンロだと、火を見る機会がなくて、火の危険性を知らない子どもが増えてるっていいますよね。同じように、子どもたちは蛇口をひねれば水が当たり前に出てくると思っているので、水がどうやって自分たちの生活と関わっているのかを、こういうゲームで伝えるのはとっても素敵だと思いました。

確かに、小学校低学年だと、そのあたりをわかってない子どもは多いですね。

俺はトイレットペーパーをつかいすぎると下水道管に負担がかかるってことがよくわかりました。

お風呂に入るとこれだけの水をつかうのか、って考えさせられました。

僕が小学生低学年の頃、水不足が社会問題になって、お風呂の水を2日に1回しか交換できない時期があったのを思い出しました。エリアによっては今でも水不足は課題でしょうから、まさに自分ごとになると思います。

⚅ ゲームの裏側にあるテーマと実現手法

伝えたいテーマ

①水は当たり前に水道から出てくるが、どうやって水道まで届いているんだろう?

②私たちは日々の生活の中で、どのようなときに、どのくらいの水をつかっているんだろう?

↑　↓

実現手法

①海から雲になり、雨として山に降り注ぎ、まちの中で生活排水として使用され、下水処理場で浄化されて、また海に行く……というサイクルがゲームシステムに取り入れられており、**水の循環をわかりやすく体感できる。**

②「水を飲む（消費量1）」「トイレに行く（消費量2）」「料理をする（消費量3）」「お風呂に入る（消費量4）」など、**何をするとどの程度の水が使用されるのかが、身近な例を用いて生活カードに表現**されている。

🎲 活用した声・エピソード

- 自分の番での行動の選択肢が少なかったので、ゲーム慣れしていないひとでもわかりやすいゲームシステムでした。

- 地球上での水の循環を俯瞰して見ることができるので、
  雨が山に貯まる→六甲のおいしい水つくってる！
  お風呂で汚水3つ→何日分やねん（笑）
  と想像力を働かせ、会話を楽しみながらゆっくりあそんでみると、山や汚水処理のイメージにつながると思いました。

- 小学校の遠足で浄水場に行ったこともあったのですが、「水をキレイにする」というイメージしか持てませんでした。**このゲームで、下水処理場が全体の循環の中でどういう役割を担っているのかよくわかりました。**

- **ゲリラ豪雨のときは、雨が山部分で貯まらずに一気に下水処理場まで流れてしまうと知れたことが個人的な学びでした。**現実問題として、どう対策すればいいのかが気になっています。

- 私たちが生活するだけで、多くの水が汚され、つかわれていることがわかりました。このつかわれる水をゼロにすることはもちろんできないと思うので、10の使用量を6とか7にするよう生活する必要があるなと感じました。

- 森林が伐採されると、山に水が蓄えられなくなるので、現実は時間の経過とともに、山エリアに貯蔵できる水スペースが減っていくのだろうなと思いました。

Kuma to Bokura no Monogatari

クマと僕らの物語
クマと人の見えない関わりを学ぶ

写真2・14 クマと僕らの物語(2024年)

対象年齢	小学3年生以上を推奨
説明時間	15分程度
プレイ時間	60分程度
プレイ人数	3〜6人
体験機会	親子向け体験プログラムを定期的に開催

開発	盛岡市動物公園ZOOMO／株式会社もりおかパークマネジメント
開発協力	任意団体Pine Tree、岩手県、盛岡市、岩手大学
デザイン協力	MCL盛岡情報ビジネス＆デザイン専門学校、株式会社吉田印刷

クマと人の共生環境を考える

「クマと僕らの物語」は「ニホンツキノワグマと人の関係」にフォーカスし、社会課題解決を目的として開発された半協力型ゲームです。

盛岡市動物公園（以下、「ZOOMO」）は、これまで様々な野生動植物をテーマにした自然体験プログラムや保全教育活動に力をいれ、身近な野生動物と人とのよりいい関係に向けた取り組みを続けてきました。

近年、人里におりてくるクマやそれによる被害が多く報じられるようになったことから、ニホンツキノワグマと人との関係を学べるBGを開発することになりました。ゲームをとおして、**身近な動物として私たちのすぐ近くに生息するクマをよく知る機会を生み出すとともに、クマたちと私たちが生活する環境を相互に理解し、理想の共生環境について想いをめぐらせるきっかけづくりを目指しています**。

本作は、公益財団法人JAC環境動物保護財団の令和4年度助成金と、クラウドファンディング「ツキノワグマと人がよりよく共生できる社会を目指して」にて約295万円、265名の支援を集めて開発・製造されています。また、株式会社ベアレン醸造所より販売された"姫とリオの乾杯ビール"の売上の一部を活用して開発されました。

なお、ZOOMOは親子で楽しく学ぶ保全教育プログラム「ボードゲームで楽しく学ぶ　クマと私たちの暮らし」を定期的に開催しており、普及活動を継続しています。

自分の幸せのために地域全体を考える

本作は基本的には対戦ゲームでありながら、協力ゲームとしての要素も持っています。各プレイヤーの間にボードを設置し、両隣のプレイヤーと協力しながら左右両方のまちを豊かにします（**図2・4**）。

プレイヤーは、まちを豊かにすることで得られる点数と、森を育てることで得られる点数などの合計で競います。最終的な自分の点数は両隣のまちの「どちらか低い点数」になるので、左右両方をバランスよく育てることが求められ、そのために両隣のプレイヤーと相談しながら、まちづくりを進める必要があります。

同時に、プレイヤー全員で協力して、クマの生息地である中央の森エリアを守ることも必要です。クマが市街地に出てこないようにするためには、森エリアに十分な木々が必要です。各プレイヤーが住居を建てすぎると、中央の森から木が減ってしまい、クマはエサを求めてそれぞれのプレイヤーのまちに出没します。それが一定回数繰り返されるとクマは駆除されてしまい、中央の森の木がすべてなくなるか、クマが絶滅するとプレイヤー全員が即座に負けとなります。

自分の両隣のまちを豊かにして点数を伸ばすという基本的な目標がありつつ、そればかり考えていると中央の森の環境が悪化し、プレイヤー全員が負けになるというジレンマのあるルールが最大の特徴といえます。

その他、様々なトラブルが起こる「ハプニングカード」や、クマの出没に備える「対策カード」といった要素が、ゲームに面白みを加えています**(写真2・15)**。

プレイイメージ

2ターン目が終わりですね。このターンは住居の建設ラッシュでしたね…。山から針葉樹が消えて、広葉樹も減っちゃいました。

広葉樹が5本になったので、1頭のクマが"あぶれグマ"になります。木が足りなくてつらいですね。さて、ターン終わりの処理をしましょう。まずは皆さん、田畑の数だけ収入をもらってください。

図2・4 プレイヤーたちの間にゲームボードを設置する。中央はクマの生息地を表す森エリア

写真2・15 様々なトラブルを表す「ハプニングカード」(左上・左下)とクマの出没に備える「対策カード」の例

木が足りないから植林すべきところ申し訳ないんだけど、僕のまち、対策カードが0なので、カードを引かせてもらいます！ 「清掃」「電気柵」が出ました！ 誰か植林お願いします！

えー、ずるい！ 私はみんなのために植林を2本やります。

対策カードもほしいけど、みんなのために植林を1つします。

はい、じゃあハプニングカードを引きますね。「マナーの悪い農家」です。畑の数が一番多いまちの出没を1にしてください。"あぶれグマ"がいますので、今回はさらに出没を1追加してください。

「清掃」があるので、うちのまちはクマが出没しないです。

山にクマが1頭いるので、広葉樹が1本増えます。これでギリギリ6本になったので、"あぶれグマ"が森に帰りますよ。

できるだけ広葉樹を減らさないようにしましょうね。それと、このターンからハプニングカードを2枚ひくので気を付けてくださいね。

このターンはさすがに対策カードを増やしたいから、田畑を増やして、収入を増やしておきたいな。

まちの点数も増やしたいから本当に悩ましいですね。

ゲーム終了

勝ちましたー！ クマの出没を0にできたから減点がなかったのが勝因ですね。

まちの点数は高かったのに、クマが3回も出没したのが敗因でした。

このゲームを1回やるとどういう構造で市街地にクマが出てきてしまうのかがよくわかった気がします。

森を奪ってしまうことも、クマが市街地に出てくる理由の1つなんですね。

キャンプで「クマに遭わないように鈴をつける」ってあるんですけど、それが結果としてクマのためになってるのがよかったです。

どういうことですか？

鈴やラジオがあることで、クマが市街地に降りてきても出会わなくなったり事故にあいにくくなるでしょ。人間が駆除するきっかけを減らすことは、結果としてクマを助けてるじゃないですか。もちろん、人間の安全のためにもなってるし。

確かにそうですね。まさに共生なんですよね。人間の安全を守ることが結果としてクマの生活も豊かにしてましたね。

自分で言うのもアレですが、自分が勝つために他のプレイヤーに植林を任せて、自分のまちの発展を狙ったのは本当に人間としてよくないと思ってました。

あそこまでやって、結局負けてますからね笑

ゲームの裏側にあるテーマと実現手法

伝えたいテーマ

①豊かな森がなくなると、クマはどうなるんだろう？

②安全で豊かに暮らすためには、自分のことだけを考えてたらダメなの？

③クマとひとが互いに共存できるような対策ってあるの？

実現手法

①**広葉樹の森が減るとクマが森からあぶれて、市街地にたくさん出没してしまうことがわかる。**

②プレイヤーの間にまちをつくる構成で、両隣のひとと対話をしながらまちを育てていくシステムになっている。**他のひとと協力しなければ、いいまちをつくれないことが特徴。**

③市街地の中で様々な対策を行うこと、荒れ地を減らすこと、学校などでツキノワグマの生態を学ぶことなどにより、**ひとの安全性を高めることができ、それが結果としてクマ自身の命を守ることにもつながっていることを学べる。**

🎲 活用した声・エピソード

- クマの生態や対策がよくわかりました。対策カードにハズレがあったのがリアルでよかったです。こういうところに気を付けないと対策にならないことがわかりました。

- ゲームが物理的に大きいですね。立派でした。テーマがクマだからですか？（笑）　ルールはそれほど複雑でなくてわかりやすかったです。BGとしてよくできていると思いました。

- BGのキットがしっかりしていたので、楽しい雰囲気で体験できました。特にクマのコマが素敵でした。

- やさしいテキストで書かれていたので、小さな子どもも楽しめると思うし、課題や対策は実例もあり大人も勉強になりました。都市部に住んでいるひとにもおすすめできます。

- 協力型のゲームなので、色々と相談が必要で、コミュニケーションの練習にもいいと思いました。

- 自分のことを優先するひとと、そうじゃないひとの差が出ましたが、今回はまわりのことを考えるひとが勝ったので後味がよかったです。

- 草の手入れを怠った荒地や、廃棄された農作物が散乱しているなど、クマが市街地に出てきてしまう状況を簡易的に把握できてよかったと思います。

- **どのような森の環境がクマにとって住みやすいものなのか、市街地に出てきやすい状況がなぜできてしまうのか、興味を持つきっかけになる**と感じました。

まちづくりの主人公になりきってみる

社会 協力	kenpogame 〜kenpoバリアで日本を守れ！ 憲法のない世界を不幸から救う
社会 協力	公共施設の未来体験ゲーム **カワタン** 選択と集中でまちをマネジメントする
社会 対戦	ゲーム限界都市 **しあわせなまち** 自治体経営を体験する

kenpogame
～kenpoバリアで日本を守れ！
憲法のない世界を不幸から救う

写真2・16　kenpogame ～ kenpoバリアで日本を守れ！（2019年）

対象年齢	9歳～	発行・販売	憲法ボードゲーム制作委員会
説明時間	20分程度	ゲームデザイン	安藤哲也
プレイ時間	60～90分程度（簡単ルール：30～45分程度）	テキスト監修	明日の自由を守る若手弁護士の会（あすわか）
プレイ人数	2～4人	イラスト	わと、大島史子
体験機会	「あすわか」ホームページにて販売中	製造	ホッパーエンターテイメント

憲法が無い世界をとおして憲法を知る

　本作は"憲法が無かった場合の日本"を体験することにより、**憲法の価値や効果を伝えることを目指しています**。

　プレイヤー間で勝ち負けを決める対戦ゲームではなく、プレイヤー全員で協力して勝ちを目指す（日本を救う）協力型ゲームです。プレイヤーは異なる能力を持つキャラクターから1つを選び担当します。キャラクターごとに能力が異なるため、勝つためにはプレイヤー同士の協力が不可欠で、積極的なコミュニケーションが求められます。

　制作主体は憲法ボードゲーム制作委員会。私はゲームデザインを担当しています。明日の自由を守る若手弁護士の会（あすわか）の弁護士から、**「憲法をボードゲームにしてあそびながら伝えることはできますか？」と相談を受けたことがこのプロジェクトの始まり**でした。2019年にクラウドファンディングを実施し制作資金を募り、最終的に達成率456％で、約137万円の支援金を集めて制作されました。

　なお、本作は当初から「改憲・護憲よりもまず知憲」が目標になっており、「まずは憲法を知ってもらおう」を大切にしています。あくまでも中立の立場で広く憲法を知ってもらうことが目的なので、政治的な主張は特にありません。誤解を生まないように、架空世界にしてファンタジー要素が加えてあります。

"kenpoバリア"で不幸から都市を守る

　本作の舞台は"憲法が無くなった日本"であり、憲法がないことで様々な「不幸カード」が発生し、東京、大阪などの12の都市に襲いかかります。「不幸カード」が決められた枚数集まると都市が滅びてしまうので、そうなる前にプレイヤーは協力して"kenpoバリア"を張

117

らなければなりません。ゲームが終わるまでに、赤い都市が1つでも滅びるとゲームオーバー、青い都市は3つ滅びるとゲームオーバーとなります。

「不幸カード」は「テレビは1つのチャンネルしか見ることができません（東京）」「3才の時に受けたテストで人生の全てが決まります（札幌）」「クリスマスは禁止です（松山）」のような内容です**（写真2・17）**。ちょっと現実味のない話に見えますが、実はどれも憲法が存在しなかったらありえる内容です。

各プレイヤーは日本を移動しながら、12の都市に自分のサイコロを設置して行きます。kenpoバリアを張るためには、それぞれの都市のクリア条件を達成しなければなりません。たとえば、東京なら「サイコロの目、4つ合計して19以上（4人プレイの場合）」となります（写真2・18）。各プレイヤー、1つの都市には1つのサイコロしか置けないルールがあるので、4人のプレイヤーが1つずつ置きにいく必要があります。もちろん、サイコロなので思った目は出ませんし、手持ちのサイコロは3個しかありません。キャラクターによっては、サイコロの出目を自由に動かせるキャラクターや、振り直しができるキャラクターもいます。そうした個性を活かしながら、チームで勝ちを目指します。

🎲 プレイイメージ

「不幸カード」引きますね。大阪！「標準語を使いましょう。関西弁はアカン！」ですって。大阪は3枚目ですね。大阪は赤い都市だから5枚揃ったらゲームオーバーですよね？

そうそう。赤い都市は即ゲームオーバー。急いで対応しないと！　あとサイコロ置いてないのは山さんでしょ。次行けます？

写真2・17　不幸カードの例。現実味がないけれど、憲法が無かったらありえる話

写真2・18　クリア条件の例。プレイヤー同士でサイコロを協力して設置していく

今、広島だからちょうど行けます。まず移動して、サイコロ振ります！よし！必要な目が出ましたよ！

良かったです！じゃあ「不幸カード」引きますよ。…博多！「残業をしても給料は増えません」。博多がリーチです！まずい！

次、私の手番なんだけど、まず博多に行って、1、2、3歩。私は官僚なので、官僚の能力をつかいます！置いてあるサイコロの目をプラス1します！これで条件は達成だけど、手番終了です。

おおー！！あとはバリアを張るのが間に合うか…。

「不幸カード」引きますよ…？ 札幌！セーフです！「親の仕事で学校が決まります」ですって。札幌は2枚目です。

危なかった…。じゃあ僕の番です。魔法使いを動かしまーす！博多まで行って、…条件は満たしているのでバリアを張れます。kenpoバリアー！

良かったー！これで博多はもう大丈夫なんですね？

そう！これで今後は博多の「不幸カード」は全部拒否できる。

じゃあ次は大阪にバリアを張るのを目指しましょう！

ゲーム終了

パーフェクトクリアーです！ 危なかったー！

山さんが弁護士じゃなかったら無理でしたね。弁護士の能力の「不幸カード」を1枚取り除けるは、すごい強いと思う。

そうそう、弁護士の能力は強いけど、ゲーム中たった5回しかつかえないからね。ここって場面でつかうべきなんだけど、もったいないからつかわないでいると意外とあっさり負けちゃったりします。

プレイヤーの能力が全員違うから、全員に役割があるのがいいですね。「このピンチはこのキャラクターなら解決できそう」っていうのがわかるし、コミュニケーションも盛り上がりました。

実際、コミュニケーションをたくさん取ったチームほど、勝率が高いという結果が出ています。自分と相手の強み・弱みを持ち寄り、話し合いながら取捨選択していく。協力型ゲームはそうしたやりとりの訓練になると思っています。

それはゲームに限った話ではないですね。職場でも協働が求められていますが、やっぱりコミュニケーションが大切ですよね。

それより、私は「残業をしてもお金をもらえませんでした」っていうカード、これ憲法があっても守られてないのが気になりました。

そうなんです！ まさにそこはゲーム終了後に話し合ってほしいところで、現実世界では憲法があっても守られていない権利があります。ステップアップ編として、不幸カードを並べながら、今の世の中について話し合うのも面白いなと思っています。

⚃ ゲームの裏側にあるテーマと実現手法

伝えたいテーマ

①憲法がある社会／ない社会で、なにがどう変化するんだろう？

②憲法の1つ1つの条文って覚えにくいけど、それぞれの条文は
どんな内容なんだろう？

↑　↓

実現手法

①憲法の効力を伝えるため、「もしも憲法がなかったら、世の中
がどうなるのか？」という架空世界をシミュレーションするこ
とにより、「憲法がある意味」に気付くという手法を取ってい
る。本作は憲法をテーマにしているが、**他の様々なテーマで
も「もしも〜がなかったら」という世界にすることで同様の考
え方を促すことができる。**

②難しい条文をそのまま解説するのではなく、「それぞれの条文
がなかった場合、どのような不幸が生じるか？」というシミュ
レーションを紹介することで、生活に寄り添った表現をしてい
る。なお、**しっかりと学びたいひとに向けて、説明書にそれ
ぞれの条文を解説し、あそんで終わりにならないようなフォ
ロー**をしている。

🎲 活用した声・エピソード

とある親子がゲーム終了後に、不幸カードを並べて話し合っていました。「名古屋のカードを見てごらん。『結婚には市長の許可が必要』って書いてあるだろ。今は望めば誰でも結婚できるけど、昔は本当に家主の許可が無ければ結婚もできなかったんだぞ」

「そうなの？　信じられない！」

そんな会話が生まれており、まさに当初の「知憲」につながっていると言えます。

小学校・中学校・高校等の授業で使用されているケースもあります。「夢中になってあそんだ」「授業後に憲法の条文について真剣に話し合っていた」などの感想が寄せられています。以下、小学生から届いた感想を紹介します。

- ▶「憲法がないと、国民たちの自由や権利が失われてしまうので、憲法は、大切だと改めて感じた」(小学校6年生)
- ▶「『憲法』という堅苦しい言葉を、簡単なゲームにしてわかりやすいものになりました。憲法は権力者がいろいろな決まりをつくらないようにつくられたものなんだとわかった」(小学校6年生)
- ▶憲法によって私たちの暮らしが守られているという意識がなかったので、このゲームをすることでそれを感じることができて良かった」(小学校6年生)

憲法の意味を知ること、協力して課題をクリアすることを学べるゲームとなっています。

Kawatan

公共施設の未来体験ゲーム
カワタン
選択と集中でまちをマネジメントする

写真2・19　公共施設の未来体験ゲーム「カワタン」(2023年)
(撮影:石塚計画デザイン事務所)

対象年齢	中学生以上を推奨
説明時間	15分程度
プレイ時間	120分程度
プレイ人数	4〜6人程度
体験機会	川崎市に依頼すれば貸し出し可能
制作	川崎市
ゲームデザイン	株式会社石塚計画デザイン事務所

公共施設の未来を考える

公共施設の未来体験ゲーム「カワタン」は川崎市の総務企画局公共施設総合調整室が主導し、**公共施設の将来のありかたについて、市民の理解を深めることを目的としてつくられた**BG です。

2021年度、川崎市は資産マネジメント第3期実施方針を策定し、資産マネジメントの考え方や取組の方向性等について、市民にわかりやすく理解してもらうためのツールとして BG を開発することになりました。2021年度は、職員向けの WS や市役所内でのテストプレイを行いゲームを設計。そして翌年度は作成したゲームのブラッシュアップとして、市内を3つのエリアに分け、市民の参加者を募集して体験会を開催し感想を集めました。また、市の新人職員向けの WS も実施し、それらをフィードバックしてゲームは完成しました。2023年度以降は、公共施設を検討するための市民参加の WS の場で実際につかわれています。

ゲームの形式は協力型ゲームです。「カワサキタウン（通称カワタン）」に起こる10年ごとの社会状況の変化にうまく対応すること、アニマル市民の能力やアイデアを活用することなどをとおして、まちをよりよく「マネジメント」できるかをチームで競うゲームです。

変化する社会情勢への対応を話し合う

本作では各プレイヤーはカワサキタウンに住む（働く）アニマル市民となり、10年後、20年後、30年後の社会情勢に合わせたミッションをクリアするために、人口や経費、サービスを見直し、公共施設の存続を検討していきます。

ひとは、①赤コマ：子ども・若者世代、②青コマ：働き・子育て

世代、③黄色コマ：シニア世代という3つの世代で構成されています。カワサキタウンは、大きく中心地と住宅地に分かれ、それぞれのエリアに公共施設があります。初期状態として、公共施設の中には様々なサービスがあり、対応した利用者がいます（写真2・20）。

ミッションでは、例えば「子ども世代が増加。赤コマを1増やす」「働き・子育て世代が減少。青コマを1減らす」「タウン全体で維持費を3コイン減らす」などがあります。どこに人を増やすのか／減らすのか。どのサービス・施設を削るのかを、制限時間内でグループで話し合います。利用者がいないサービスを廃止することで維持費を削減したり、新たにできた空きスペースを活用して、利用者の受け皿をつくったりします（写真2・21）。これをくりかえしてゲームは進みます。

3つのミッションの間に、グループ内ふりかえりや、全体共有タイムなどを設けつつ、最後は「自分のまちのこだわったこと・推しポイント」「キャッチフレーズ」などを話し合い、得点の計算もします。その後、会場全体でグループごとの結果を発表し、一番いいと思ったグループに投票をします。最も評価されたグループはどこでしょう。

🎲 プレイイメージ

いやいや、20年後、ちょっとヤバいです。行き場のないシニアがどっと増えたじゃないですか。このひとたちの受け皿を用意しないと。

子どもと大人は減らさないといけないでしょ？学校から取り除くのはちょっと避けたいから、大人は中心地の市民館から、子どもは住宅地のこども文化センターから減らすのでどうですか？

写真2・20　初期状態の公共施設と利用者のイメージ（撮影：石塚計画デザイン事務所）

写真2・21　空きスペースの活用アイデアが表現された「キラッと問題解決カード」の例（撮影：石塚計画デザイン事務所）

異議なしだけど、市民館もこども文化センターもシニアで埋まるんですね。なんやモヤモヤするなぁ。

「キラッと問題解決カード」つかいたいです。「インターネットを活用した書類交付サービスの充実」をつかえば、「窓口サービス」をなくすことができるので施設の運営費を削減できますよ。

じゃあ私は「市民活動に企業の会議室をつかう」をつかいます。これで「生涯学習」もなくすことができて運営費を削減できます。資金面のノルマは達成です。

いいですね。ところで、老朽化した建物の維持費が増えましたね。取り壊すならこっちを優先すべきでしたね。

確かに。今から考えると老朽度1の建物よりも、3の建物を先に壊すべきでした。利用者が少ないからという理由で比較的新しい出張所を壊したのは失敗だったかも。

そこリアルだなーと思いましたよ。危険度っていう理屈はわかっていても、結局、もろもろのタイミングが揃ったところから手を付けるしかない感じがリアルです。

ゲーム終了

俯瞰的に見られていいですね。現実的にはこんなに簡単じゃないのだろうけど、大事な要素がデフォルメされて入ってました。

なるほど。ほかのみんなは、どう感じましたか？

俺は学校の未来ですね。こんなふうに統合されたり、民間の一部を借りたり。学校ってこういう未来があるんだなと思いました。

建物本体の維持費と、中のサービスの維持費を分けて考えるのはなるほどな、と思いました。つい一緒に考えちゃいますよね。

子ども・若者の居場所が地域になくなっちゃうのが嫌ですね。学校に行かない子どもも増えているので、これからの未来は一層そういう施設の大事さってあると思うんです。

シニアだけ増えていくところが恐怖でした。子ども＆大人世代が、どんどん減ってしまって…。うちの子どもたちの未来に希望が持てなかった…。何とかしないといけない…。

シニアの、特に男性の話なんですが「"きょういく"と"きょうよう"がない」という話を思い出しました。

どういうこと？ おじいさんには教育と教養がないってこと？

いえ、リタイアすると「今日、行くところがない」「今日、用事がない」という意味です。女性は地域に友達がいるけど、男性はね…。

こわい！ そんな人生嫌だ。自分の居場所が地域にほしいです。

魅力的な公共施設を地域に残していくことは、20年後に60代になっている僕らのためにも重要なことだと感じますね。

⚅ ゲームの裏側にあるテーマと実現手法

伝えたいテーマ

①日本の地域社会って10年後、20年後、どうなっていくんだろう？

②その中で、公共施設の未来ってどうなっていくんだろう？　公共だけで地域を支えられなくなった場合、どうしたらいいんだろう？

↑　↓

実現手法

①10年ごとに人口が変化するミッションが発生するので、それらをクリアするためにサービスの統合や廃止を行い、求められているニーズの受け皿を用意する必要がある。たとえば、元々は子ども向けの施設でも、子どもが減ってしまってつかわれないのであれば、シニア向けのサービスへ転用するなどの可能性に気づくことができる。

②サービスの利用者の受け皿をほかに用意することができれば、サービスを廃止し公共施設の解体を進めることができる。その際、**民間の力を借りることで、公共だけでは担いきれない部分をカバーできることがわかる。また、古い建物は維持費が多くかかり、場合によっては利用不能になる可能性があることもゲームをとおして学べる。**

⚃ 活用した声・エピソード

- 公共施設は古いより新しいほうがいいと漠然と思っていましたが、**このゲームをプレイしたことで、簡単に建て替えられないんだなということがよくわかりました。**

- 人口減少時代の日本で公共施設の建て替えについては正直ネガティブな印象しか持っていませんでした。「建物の維持管理費」と「施設で提供するサービス費」を分けて考えることで、公共の機能は上手に残しながら、不要になった建物だけ取り壊していく方向性もあるんだろうなと思いました。

- 自分に子どもが産まれたからこそ利用したようなサービスがいくつもゲームの中に出てきた。逆にいうと、子どもがいない人は必要のないサービスなのだろう。このゲームは、「公共施設ってどんなサービスがあるのか?」を知る機会になった。

- ゲームにあるように、民間の協力がないと公共機能を担っていくことが難しいのではないかと思いました。民間側にメリットを提供できれば協力を得ることはできると思うので行政側の知恵のつかいどころなのかなと思います。まちづくり業界のPark-PFIなんてまさしくそうですよね。

Shiawase na Machi

ゲーム限界都市 しあわせなまち
自治体経営を体験する

写真2・22　ゲーム限界都市
しあわせなまち（2024年）

対象年齢	12歳〜
説明時間	15分程度
プレイ時間	30〜50分程度
プレイ人数	2〜5人
体験機会	一般販売
企画・制作	一般社団法人 Do It Yourself

⦿ 自分のまちの市民を最も幸せにする

「ゲーム限界都市しあわせなまち」は対戦型のデッキ構築型ゲーム※です。プレイヤーは市長となり、押し寄せる社会問題に翻弄されながらも財源と政策をつかって幸福点カード「生きがい・健康・所得」を獲得し、最も市民の幸福点を集めたプレイヤーが勝利します。**実際に起こっている問題や、提言されている政策を取り上げており、あそびながら社会に関心を持てるように制作**されました。

一般社団法人 Do It Yourself は社会課題への対応についてさほど関心を持たない普通のひとに「きっかけ」や「関わりしろ」をどうつくるかを目指しており、①社会課題についての問いかけを用いるコミュニケーション、②ゲームの楽しさを活かすゲーミフィケーションという2つのアプローチを取っています。

このゲームには「ゲーム限界都市」という元になるバージョンがあり、そこでは12種のみであった政策の種類を100種に拡張するとともに、より短時間でプレイを楽しめるようつくられたゲームです。

※デッキ構築型ゲーム：ドミニオンというBGで人気になったゲームのプレイシステム。一般的なゲームと異なり、山札（デッキ）がプレイヤー全員の共通のものではなく、プレイヤーそれぞれが所有します。自分だけのデッキに、途中で獲得したカードを追加し、オリジナルデッキを強化していくタイプのゲームです。

⚁ 自治体の経営を体験する

本作は各プレイヤーが市長となり、自分の自治体を経営し、最終的に最も市民を幸福にした（幸福点を稼いだ）市長が勝利となります。

自分の手番では、まず「社会課題フェイズ」があります。サイコロを振り、出た目に応じた社会課題が発生します。手札の状況によっては社会課題を発生前に防ぐこともできますが、防げなかった場合、「若年層の流

133

出」であれば人口が減る、「児童相談所の機能停滞」であれば幸福点が減るなど、何らかのペナルティを受けることになります (**写真2・23**)。

続いて「政策フェイズ」です。手札から何らかの政策を出し、自分のまちの取り組みを増やしていきます。このとき、手札の状況によっては連鎖して複数の政策を場に出すこともできます。政策には「地域のリブランディング」や「リノベーション促進」などの実際にどこかの自治体で展開されているものが採用されています。

最後は「獲得フェイズ」です。財源カードを使用して場に出ている、財源カードや政策カードを購入します。自分のまちを豊かにしていくイメージです (**写真2・24**)。

なお、手札は一度使用したらそれで終わりとなるのが一般的なゲームですが、本作はデッキ構築型システムを採用しています。プレイヤーは使用して捨て札にした手札をシャッフルして再度山札をつくります。獲得フェイズで獲得したカードはここで山札に混ざっていきます。徐々にカードが増えていき、自分のデッキが強化されていく様は、自分の経営するまちが豊かになっていくことを実感できるでしょう。

プレイイメージ

僕のターンですね。サイコロは「3」…「運動機会の減少」という社会課題が発生しましたが、手札に「身近な運動場所の整備」があるため、防ぐことができました。政策フェイズでは「バイオマス発電」を出します。これでさっき発生した社会課題の「食品ロス」を解決することができました。獲得フェイズでは、「法人税」のカードを獲得しておきます。

あ、いいですねー。「法人税」はかなりの収入源になりますよね。

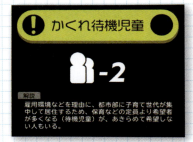

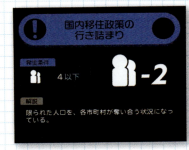

写真2・23 「社会課題フェイズ」で発生する課題の一例。リアリティのある様々な社会課題が各プレイヤーを襲う

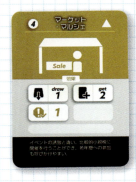

写真2・24 「政策カード」の一例。「財源カード」をつかって買って、自分のデッキ（まち）を強化する

そうです。これがないとなかなか「いきがい」カードは買えないと思うんですよね。

じゃあ私のターンです。サイコロは「2」…私のまち人口が4未満なので、「若者流出」が発生。なので人口が2減ります。これで私のまち、人口が1人なんですけど！

まずいじゃないですか。
0になったら市町村合併ですよ。

それはまずい。政策カードの「外国人の地域活動支援」を出します。これにより人口が1人返ってきます。危なかった。

私のターン。サイコロは「4」…社会課題は「オーバーツーリズム」ですね。政策フェイズでは「電源三法交付金」を出します。追加で政策カードの「ジャンボ宝くじ」を出します。これで財源が3追加されるので、手札の財源と合わせて8になりました。これで「いきがい」を獲得します！ ゲーム終了！

おおー、一気に終わってしまった！

ゲーム終了

得点を計算してみたら2位でした。悔しい。1位になった安さんはせっせと幸福点を稼いでいたんですね。

そうそう。最初からずっと幸福点を狙ってました。あと、僕だけ社会課題もゼロでしょ？ マイナス点がゼロなのは大きいですよ。それより山さんのまち、やばくないですか？

いやいや、人口が激減して、社会課題だらけだけど、全然大丈夫ですよ！ きっとみんな楽しく暮らしています。

ブラック市長じゃないですか。
そのまち、住みたくないなぁ（笑）

俺のまちも似たようなもんです。
社会課題が山積してます。

社会課題を防げるかどうかは手札の運次第じゃないですか。その辺はやってみないとわからないですよね。

発生した社会課題を除去できる政策カードもあるから、そういうカードを優先して獲得するのも良かったかもしれないですね。

まちづくりっぽさは感じましたか？

都市経営の難しさを非常に感じることができました。何をしても悪いことばかり起きて、どうしたらいいのやら……。

仕事で見るワードがたくさんあって集中できませんでした（笑）

市民を幸福にするためには、しっかり財源を確保しないといけないなーと。そこからどの政策にお金を投資すべきかを考える、みたいなメッセージが伝わりました。

⚅ ゲームの裏側にあるテーマと実現手法

伝えたいテーマ

①自治体ってどうやって経営するんだろう？

②市長ってどういうジレンマに直面するんだろう？

③自治体ってどんな社会課題を抱えていて、それに対してどんな政策をしているんだろう？

↑　↓

実現手法

①財源カードを集めなければなんの政策も実施できず、押し寄せる社会課題に対応できないしくみになっている。**財政を潤わせ、政策を実施し、社会課題に対応していくことを体験することができ、自治体を経営することのイメージがつかめる。**

②財源や政策とは別に、市民の幸福度が最大であることが勝利条件なので、**市長として大切にすべきことを理解できる。**

③現実に提言されている政策をカードにしているため、ニュースなどで聞いたことのある言葉があふれている。**ゲームプレイとは別に、政策カードを活用して様々なWSができそう。**

🎲 活用した声・エピソード

▶ 税金を増やすためにはどうしたらいいかと必死に考え、あー、自分は自治体の経営をしてるんだなーという気持ちになれた。

▶ 社会問題に取り組む団体の団員や役所で政策に関わる方に、少人数（4〜5名）で半日くらいつかう研修の教材として使用すると深い議論の呼び水になると思います。

▶ 初心者でもできるデッキ構築型ゲームということだったが、実際はゲーム初心者にはハードルが高いと感じた。セミナーやWSで初めてプレイするなら、テーブルにサポートしてくれるスタッフが必要だと思う。

▶ デッキ構築型という形式はゲーム初心者にはわかりにくいゲームシステムかと思いますが、ゲーム慣れしたメンバー同士であれば、楽しみながら政策を知ることができると思います。

▶ **社会問題カードや政策カードは種類が多く、内容を読み上げると知らない用語などがあって学びがあった**し、会話が発生してなかなか盛り上がった。

▶ こういうゲームはもっとゆっくり時間をかけて、社会問題カードや政策カードをひとつひとつ読み上げて会話して、手番ごとに2〜3分かけて進めるのが、製作者の意図に沿っているのかもしれない。それをすると1プレイで2時間以上かかりそうなので、WSなら制限時間が来たら終了という形式でもよさそう。

ありえるかもしれない未来を動かしてみる

福祉 / 協力	**コミュニティコーピング**
	超高齢化社会を体験する

社会 / 協力	**THE パーフェクトワールド〜目指せ！みんなの環成経！**
	4つの社会の実現を目指す

社会 / 協力	**ふくい温暖化クライシスボードゲーム**
	SDGsアクションで福井滅亡を回避する

社会 / 対戦	**いたばしさんぽ**
	身近なSDGsを探しながら、まちへの愛着を高める

COMMUNITY COPING

10 コミュニティコーピング
超高齢社会を体験する

写真2・25　コミュニティコーピング（2021年）

対象年齢	12歳〜
説明時間	10分程度
プレイ時間	約60分〜
プレイ人数	4〜6人
体験機会	定期的にファシリテーター養成講座を開催中。コミュニティコーピングHPを参照
発行・販売	一般社団法人コレカラ・サポート
ゲームデザイン	上原一紀

142

社会的孤立を解消する協力型ゲーム

本作は人と地域資源をつなげることで「社会的孤立」を解消する協力型ゲームです。地域共生社会で高齢化に伴って発生する悩みに対して、一人ひとりの本当の悩みを明らかにし、専門家や地域のつながりを処方してあげることで地域社会の崩壊を防ぐことを目指します。

舞台は2021年〜2030年の10年間。6つの地区に次々と悩みを抱えた住民が現れます。1つの地区に4人以上の悩みを抱えた住民がでてしまったら全員ゲームオーバーとなります。逆に10年間地域全体を崩壊させなければプレイヤー全員の勝ちとなります。

開発したのは、一般社団法人「コレカラ・サポート」代表理事で、高齢者や家族の相談支援などをしてきた千葉氏。**「少しでも多くの人が、支援が必要な人と、自分の周囲の『力になれる人』をつなげられたら、社会的孤立が解決するのでは」**と2020年にBGの制作を開始しました。ゲームの制作経験のあるメンバーをチームに加え、ゲームとして完成度を高めていったそうです。2021年にクラウドファンディングを実施し制作資金を募り、最終的に達成率213%で約106万円の支援金を集めています。クラウドファンディングは終了しましたが、一般社団法人コレカラ・サポートでは定期的に認定ファシリテーター養成講座を開催して、このゲームを広める活動を続けています。

3つの行動を繰り返してゲームは進む

プレイヤーは自分の手番が来たら「コーピングする」「つながりをつくる」「処方する」の3つの行動から1つを選びます。その後、次のプレイヤーに交代。全員が1回行動したら1年が経ちます。3年目からは毎年何らかのイベントがランダムで発生し、プレイヤーを助けたり

困らせたりします。5年目からは全プレイヤーがレベルアップし、追加で特殊能力を得ます。

コーピングとは「対処する、課題と向き合う」という意味の言葉です。ボード上に現れる住民カードは、最初は表面上の悩みしかわからず対処することができません。そこで、コーピングを行うことで本当の悩みを知ることができ、必要な処方がわかります（**図2・5**）。

処方は「つながりカード」をつかって専門家などを派遣することで実施します。たとえば、お金の問題で悩んでいる住民にはお金をめぐる問題の解決能力を持つ弁護士を派遣します（**図2・6**）。

つながりカードは手番で「つながりをつくる」を選ぶと得られますが、住民の悩みには「健康」「お金」「住まい・生活」「人間関係」の4つの種類があるので、対応した「つながりカード」を取得する必要があります。住民によっては2種類の悩みを抱えている場合もあり、その場合は、2枚の「つながりカード」が必要です。

一方、悩みを解決してもらった住民が「つながりカード」に変化することもあります。「支援される立場」から「支援する立場」への変化をうまく表現した仕掛けです。

プレイイメージ

さて7年目に突入ですね。イベントカードを引きます。「大地震発生」です！　今年に限り、みんな住民カードを2倍引いてください。

A地区とC地区は悩んでいる住民の数がリーチなので危険です！

図2・5 「住民カード」の一例。コーピングで明らかになる本当の悩みは、表面上の状態からはわかりづらいことが表現されている

図2・6 住民の悩みに合った「つながりカード」の処方により解決を図る。この例ではお金に関する悩みに対して、解決能力を持った「弁護士」を処方

2枚引きます！ BとEでした、セーフ。じゃあまずは、AとCの住民をコーピングしますね。Aの村上さんの悩みは「健康LV.3」で、Cの金子さんの悩みは「人間関係LV.3」でした。

私、金子さんなら処方できますよ。

村上さんは俺が処方できるので、金子さんは任せますね！ 引きます。A地区とB地区です！ Aが4人でヤバいですが、訪問看護師の前田さんを村上さんのところに派遣して、悩み解決です！ ギリギリセーフ！ あとは、E地区の竹内さんも処方しておきますね。

僕の番。CとF！ CがヤバいのでCを2人コーピングしますね。お、ラッキー！ 柴田さんは、話を聞いてもらうだけでスッキリしたって。

1人解決ですね。
もう1人はどうですか？

えーと、山崎さんの悩みは「人間関係LV.1」なんですが、僕のキャラが「話題のカフェのマスター」なので、「人間関係LV.1」ならコーピングと同時に解決できます！

Cは余裕が出てきましたね。じゃあ、引きます。AとFです。Aが4人になったので、私のターンで1人解決しないと負けですね。じゃあ、Cの金子さんのところには臨床心理士の藤田さんを派遣して、Aの佐々木さんは薬剤師の佐野さんを派遣して悩みを解決します！

ギリギリでしたねー。じゃあ8年目に入りまーす！

ゲーム終了

コーピングをして抱えている悩みを知らないと何もできないというのが印象的でした。悩みを知らなければ対処の検討ができないって当たり前なんですけど、意外とコーピングの部分が丁寧にできていなかったなぁって。あ、それは現実の話です。

想像力の部分ですね。コミュニケーションをする相手の内側は簡単には見えない。だからこそ一生懸命想像して、対話をして、理解をする必要があるわけですよね。

その大切さを気づかせてくれますよね。今後、仕事をするときに、「あ、今はコーピングをしているフェイズだ」ってイメージをすることができそうです。

ゲームだからコーピング1回で悩みが明らかになるでしょう？　当たり前だけど、現実ではそういうわけにはいかなくて。学童で心配な挙動をする子どもが時々いるんだけど、何年も付き合っていくなかで、ようやくその子の不安がわかったりするからね。

確かに。「コミュニケーションの回数に比例して、コーピング成功の確率が上がる」ってゲームシステムもありえたかもしれないですね。

悩みを解決してもらった住民が、悩みを解決する側に回るケースがあったでしょう。あれが良かったですね。

現実でも「サバイバー」という言葉がありますが、実際に体験したからこそ寄り添えることってありますからね。そこが表現されていると思いました。

ゲームの裏側にあるテーマと実現手法

伝えたいテーマ

①まちに暮らすひとたちが高齢化すると、どんな悩みが生まれる？
②他人の悩みってどうしたらわかるだろう？
③地域社会（コミュニティ）って、どんなひとたちがいて、どんなつながりがあるのだろう？　自分の経験や能力が、ひとの役に立つことってあるんだろうか？

実現手法

①本作に登場する悩みを抱えた人びとは、開発者が実際に受けた相談内容を基にしたリアリティある存在。**高齢世代には共感を、若い世代には未来で直面するかもしれない課題を伝えている。**
②「コーピング」という行動をゲーム要素に取り入れることで、**外から見える悩みと実際に抱えている悩みが異なる可能性**があることについて伝えている。
③地域で活躍する多くの職業が登場し、**悩みを一人で抱え込まずに相談することの大切さや、ひとのつながりにより解決できることをゲーム体験から理解できる。**また、**若い世代には様々な職業を知ることで職業選択の幅を拡げることも期待できる。**

⚃ 活用した声・エピソード

- **どのようにすればチームで協力して地域の人とつながっていけるのかを体感**させていただきました。悩みも解決方法もリアルだし、プレイヤーの特徴や成長もリアルで、ゲームの構成がすばらしいと感じました。

- 対話から生まれる解決が必ずあること。話を聞くという最初のステップがどれだけ大きい可能性を持っているかを実感しました。

- 現実への転用なのですが、本作のように各自が持つポテンシャルを可視化できれば、より迅速かつ効率的に問題解決へアプローチできるのではないかと感じました。

- レベル3以外では解決できない課題がたくさんある中で、やはり人材育成という面が非常に重要だなと感じました。

- 他のプレイヤーと協力して解決していくというやり方をとおして、コミュニティをよりよくしていく活動をするには、計画・相談・協働というのが大事だなと思いました。

- 助けを必要とする方々と、手助けできるひとたちがつながる場が必要だと思いました。

- 子育て中に仲間との出会いによって助けられ、いつか手助けする側にまわりたいと考えていたことを思い出しました。

The Perfect World

THE パーフェクトワールド
～目指せ！みんなの環成経！
4つの社会の実現を目指す

写真2・26　THE パーフェクトワールド（2023年）

対象年齢	10歳〜
説明時間	10分程度
プレイ時間	30分程度
プレイ人数	2〜4人
体験機会	一般販売
ゲーム考案	株式会社LODU（ロデュ）
販売元	会宝産業株式会社
製作	高桑美術印刷株式会社

⊡ みんなで"環成経"をつくる

「THE パーフェクトワールド」は"静脈産業"※のパイオニアであるSDGs先進企業「会宝産業」と株式会社LODUの協働で作成された協力型ゲームです。会宝産業の**事業や、事業を生み出すための組織内の仕掛けについて、同社による実践活動の事例を基に学べる**ように開発されたゲームです。

プレイヤーは企業を率いるリーダーとなって、仲間たちと新しい事業や取り組みを開拓し、4つの社会の実現と、個人のミッションクリアを目指します。本作はテーマに「みんなで環成経をつくる」とありますが、「環成経」は造語で、【環境】を良くして【成長】できる【経済】を目指すという意味だそうです。大量生産・大量消費・大量廃棄を繰り返し「お金さえあればいい」「自分さえ良ければいい」「今さえ良ければいい」の考えを改め、ものづくりのあとしまつを引き受ける静脈産業として世界で活躍することを目指す、同社の企業精神が表れています。

本作は2023年にクラウドファンディングを実施し制作資金を募り、最終的に124名の支援を集め、目標額100万円に対し約232万円の支援金を集めて制作されました。

※動脈産業が生み出した生活財や消費財のうち、消費され廃棄物となったものを集め、それらの再販売、再加工などをとおして、再び社会に流通させる産業のこと

⊡ お金と絆を集め、事業を起こす

「お金」と「絆」を集め、新規事業を開拓し、2050年までに「ウェルビーイング」「脱炭素」「循環型」「自然との共存共創」という4つの社会を実現することを目指すゲームです。そのためには、事業カー

ド・経営理論カード・スポンサーカードという3つのカードを上手に達成することが必要になります (写真2・27)。達成するためには、コストとして「お金」と「絆」が必要になるため、まずはこれらを集めていきます。カードを達成するとカードの内容に応じて、4つの社会の対応する数値が上がります。これを繰り返し、ゴールを目指します。

「お金」や「絆」を稼いだり、各種事業などを達成するためには、仲間を増やす必要があります。しかし、このゲームは仲間に毎年給料を支払う必要があるため、安易に仲間を増やしてしまうと、かえって身動きが取れなくなることもあります。とはいえ、このゲームは協力型なので、他のプレイヤーからの助けを得ることができます。チームで相談しながら互いの強み・弱みをカバーするといいでしょう。

チーム全体の勝利は「2050年までに4つの社会を実現すること」ですが、これとは別に個人ミッションもあります。ゲーム開始時にそれぞれのプレイヤーに3枚配られるミッションカードをより多く達成することも求められます。

また、アドバンス版のルールでは4年に1度、なんらかのリスクが発生します。これにより難易度も上昇しますので、ゲームに慣れたら導入するのもいいかもしれません (写真2・28)。

プレイイメージ

「ELV漁礁」を新規事業として開拓します！ 車を海に沈めることで、鉄分が海に染み出し、海藻を育て、魚の住処になるそうです。脱炭素・循環型が2アップ、自然との共存共創が4アップします！

目標を3つ達成ですね！ これで残りは循環型社会だけです。目標値の20まで、あと5ポイント。誰の事業を開拓します？

写真2・27　左から事業カード・経営理論カード・スポンサーカード。数字は達成に必要な「お金」と「絆」を表している

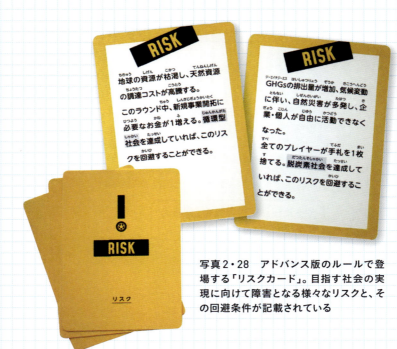

写真2・28　アドバンス版のルールで登場する「リスクカード」。目指す社会の実現に向けて障害となる様々なリスクと、その回避条件が記載されている

僕の「海外部品オークション会場」は内容的に循環型社会の数値が上がりそうですよ。

俺の「リベルトバッグ」も同じですね。循環型社会の数値が上がると思います。

じゃあ2人に優先的にお金と絆を渡していきましょう。さて、最終ラウンドです。まず私は高さんに絆を全部渡しますね。

ありがとうございます！　これで「リベルトバッグ」が開拓できます。シートベルトをつかって、バッグとしてつくり替えます！

安さん、絆は足りてるのね。じゃあお金を渡しますね。

ありがとうございます！　あとは、僕が「会宝農園」でサイコロを振って、4以上を出せばお金が足ります。…振ります！　5！やった！　これで「海外部品オークション会場」を開拓！　UAEでオークション会場を設立し、中東・アフリカの人たちが、来日せずとも、安心して車の中古部品を購入できる、だそうです。

やったー！　循環型社会、最後のラウンドで一気に達成です！

絶対無理だと思ってました！　嬉しい！

154

ゲーム終了

ゲーム自体が想像よりはるかにシビアで驚きました。序盤は社員の給料を支払うだけで終わってしまうという…。

わかります。たまに余ったお金がでたときに社員を増やして事業を拡大しないと、ずっと消耗戦みたいになっちゃうんですよね。

そこリアルですよね。経営を拡大するはこんなにリスクがあるのか、と思わされました。僕としては、こういうゲームを民間の企業が主導してつくっているということがとても嬉しかったです。企業紹介ってパンフレットである必要はないと思うんですよ。

子ども達にどんな会社なのかを伝えるのに、ゲームで伝えられるのは素敵ですよね。

そうなんです。少子化の現代、小さいうちから地元企業のファンをつくっていく取り組みは重要です。まちづくり的にも応援したいプロジェクトだなと思いました。人材の地産地消というか、地方都市はとにかく人材を都心から取り戻していかないといけないですから。

静脈産業っていう言葉をはじめて知りました。車を解体するときに不要になったシートベルトでカバンをつくる取り組みとか、座席を椅子に転用する取り組みとかすごい面白いです。

このゲーム、「お金」と「絆」の2つでなんでもできるじゃないですか。「絆」という表現はともかく、現実もそうだと思うんですよね。営業でも「あなたの会社だから任せたい」っていう瞬間があるわけなので、「絆」の大切さは確かにそうだな、と思いました。

⚁ ゲームの裏側にあるテーマと実現手法

伝えたいテーマ

①企業が現実に実践しているSDGsの取り組みってどんなものがあるんだろう?

②SDGsを達成するためにはどんな事業が必要なんだろう?

③企業としてどういう気持ちで事業を行っているんだろう?

↑　↓

実現手法

①企業による取り組みの実践例が「事業カード」として登場するため、**SDGsアクションの事例を知るとともに、新しい事業が生み出される仕掛けを楽しみながら学べる。**

②それぞれの事業がSDGsのどの領域に関連する事業なのかについても理解が深まるので、「循環型社会を実現するためにどういう事業が必要なのか」という発想が身につく。

③対象の企業が大切にしている考え方や取り組みを「経営理論カード」という形で紹介している。**パンフレットやホームページなどで伝えるのとは異なる効果が期待できる。**

⚃ 活用した声・エピソード

- 協力型ゲームなので、皆で相談しながらすすめられ、初対面同士や初心者でもコミュニケーションがとれて参加しやすい。

- ゲームとして面白くできていて、クリア条件である4つの目標を達成することに集中させられた。**各事業の内容やどのような点で効果があるのかが自然に頭に入ってきた**ように思う。

- 企業の取り組みを知りつつ、社会的課題の達成ができるので、面白かったです。

- 企業のリサイクル・リユースの精神が伝わりました。まさにSDGsだなと感じました。

- 企業の行っている社会貢献をゲームにして伝えていて、拡散力があると思いました。

- 自分だけではゴールできないので、交渉や取引の技術を高める研修にもいいと思いました。

- 環境問題に取り組む企業の事業内容を知ることができるいいゲームです。就職活動のときに、この会社はこれを採用試験につかったらいいんじゃないかと思いました！

- 人の繋がりや脱炭素など、目指す社会（ゲームクリア）にたどりつくのが非常に困難で、ある意味でSDGsの実現の難しさがゲームに表現されていると感じました。

12 ふくい温暖化クライシスボードゲーム

Fukui Ondanka Crisis BG

SDGsアクションで福井滅亡を回避する

写真2・29　ふくい温暖化クライシスボードゲーム（2024年）

対象年齢	10歳〜
説明時間	10分程度
プレイ時間	20分程度
プレイ人数	2〜5人
体験機会	一般販売

ゲーム制作	ふくい未来人材育成プロジェクトメンバー、ちゃがちゃがゲームズ
イラスト	Yu.n-a、nagi-nu、るぴえ、レト、Hikaru
全体調整	福井県未来創造部未来戦略課 北川愛子、柳川千尋
パッケージイラスト・DTP	井上　磨
製造・販売	株式会社アル・デザインワークス

◦ 地球温暖化を身近な自分ごとにする

「ふくい温暖化クライシスボードゲーム」は福井県未来戦略課が実施する「ふくい未来人材育成プロジェクト」の一環として作成された協力型のBGです。

2021年度、内閣府の「SDGs未来都市」に選ばれた福井県で実施されている「ふくい未来人材育成プロジェクト」では、「福井県SDGsパートナーシップ会議」に参画する企業・団体が協力し、それぞれがもつ技術やノウハウ、ネットワークを生かした学習・体験プログラムづくりを行っています。令和5年度は**「地球温暖化」をテーマとして、形あるものを残し、プロジェクト終了後もSDGsの輪を広げ続けたいという思いから、楽しく学べるゲームをつくることになり、完成**したものが本作です。

地球温暖化を「身近な自分ごと」として捉えて、みんなで実践していくため、まずは多くの子どもたちにゲームをとおして楽しく学んでもらいたいという思いから、こども食堂など子どもたちのあそび場にBGをプレゼントしているそうです。カードに描かれたイラストは県内の福祉施設で働くイラストレーターが担当しています（写真2・29）。

◦◦ SDGsアクションで課題を解決する！

本作は、地球温暖化の危機を全員で一丸となって解決する、協力型のBGです。各プレイヤーは福井県の市や町の「温暖化対策リーダー」となり、福井県の地図を模したゲームボード上で自分のコマを移動しながらゲームのクリアを目指します（写真2・30）。

ゲームをクリアするためには全員で協力して5つの「課題」を解決しなければなりません。「課題」を解決するためには、課題タイルに

描かれたアイコンを持つ「SDGsカード」を集める必要があります(**写真2・31**)。

SDGsカードを集めるためには、SDGsマスに行くことで、マスに描かれているアイコンのカードを得ることができます。アイコンは全部で5つ(吸収源をふやす、ごみをへらす、電気をへらす、化石燃料をへらす、水をへらす)あり、県内を移動しながら、これらのカードを集めるのですが、自分だけで集めようとすると時間がかかり、刻一刻と進む温暖化によって福井は滅亡してしまうでしょう。カードは他プレイヤーと同じマスにいれば受け渡しをすることが可能なので、上手に役割分担をすることで効率的に課題を解決することができます。また、「課題」を解決することにより、温暖化の進行を抑えることができるので、「課題」を解決するタイミングも全員で相談するといいでしょう。

温暖化進行ゲージが規定値を超えるとプレイヤー全員が敗北し、福井県は滅亡します。果たして、皆さんは福井滅亡を止めることができるでしょうか。

プレイイメージ

私が持ってる課題をクリアしたらゲームクリアなんですけど、課題を達成するために必要な「ごみをへらす」カードが場にないので課題が解決できないですー! ピンチです!

じゃあ俺、SDGsイベント会場に行きますね。これでカードが2枚増えますね。あ、「ごみをへらす」が出ましたよ。俺のターン終わりなので、温暖化サイコロを振ります。…セーフです。

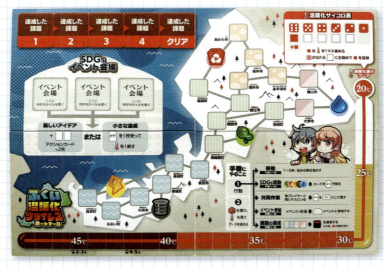

写真2・30　あそびながら福井県内の地理をより身近に感じることができる

写真2・31　「SDGsカード」の一例。「課題」を解決するためには対応したアイコンのカードを集める必要がある

じゃあ私が「ごみをへらす」カードを取ってから、移動して、福さんにこのカードを渡します！

ありがとう！　これで私のターンが来れば課題が解決できます。

かなりギリギリですね…。じゃあサイコロ振りますね。ああ！　温暖化が進んじゃって、41℃になった！

42℃でゲームオーバーだからマズイですね。

じゃあ、僕のターンはSDGsイベント会場に行って、「マイボトルをつかう」カードをつかって「小さな達成」をします。これで1℃下がって40℃になった。じゃあサイコロを振ります。…温暖化が進んでまた41℃になった！　危なかったー！　ゲームオーバーになるところだった！

私のターン。河さんから受け取ったカードがあるので、これを持って福井市に行って、はい！　課題を解決します！

やったー！　クリアー！

危なかったー！　ギリギリクリアでしたー！

ゲーム終了

これゲームの途中で気づいたんだけど、SDGsのゴールをするためには自分一人では絶対達成できないんですね。

あ、それ俺も思いました。最初は自分でカードを2枚集めればいいや、と思ってたんですけど、ルール上、1枚は自分で取れても、もう1枚は誰かから受け取らないといけないですよね。

そうそう。きっと、協力して社会をよくするってことを表現してるんでしょうね。

SDGsカードの1つひとつが「こういうことをすると、地球環境が良くなるんですよー」っていうメッセージになっていて、考えさせられましたね。

私としては福井県の地名をしっかり覚えられるなぁと思いました。県内を何往復したんだろ（笑）

確かに！　これは子どもが対象になっているゲームなので、社会の授業でつかいたいくらいです。

確かにこのくらいの難易度だったら、小学生なら子どもたちだけでも問題なくあそべるね。

あと、個人的に好きだったのはプレイヤーのコマが恐竜になっている点ですね。福井県は恐竜推しですからね。しっかり福井らしさをアピールしてるのも良かったです。

恐竜コマ、小学生男子が好きそう！

⚃ ゲームの裏側にあるテーマと実現手法

伝えたいテーマ

①SDGsってよく聞くけど、具体的になにをすればSDGsにつながるんだろう？

②「福井らしさ」ってどういうところだろう？

↑　↓

実現手法

①カードの1つひとつに具体的な例を描いている。「マイボトルをつかう」「水は溜めてから食器を洗う」「みどりのカーテンをつくる」など、**とても小さなアクションだが、これらがSDGsのアクションであり、積み重ねていくことで地球の温暖化を食い止めることができるというメッセージをゲームの中で伝えている。**

また、課題を達成するためには他プレイヤーと協力することが必要で、**「自分一人でできること」をたくさんのひとと一緒にとりくむことの大切さが表現**されている。

②ボードが福井県全域を表現しており、地理がよく理解できる。ゲームのルール上、北から南まで何度も行ったり来たりすることになるので、自治体の名前を自然と覚えられるようになっている。コマが恐竜（フクイラプトル）になっているのが愛らしくて非常にいい。

活用した声・エピソード

- 気がつくとどんどん気候が上昇してハラハラ感があります。ゲーム的には盛り上がる要素ですし、この感覚をゲーム後のリアルな危機感につなげられるように工夫すると、啓発的な効果も高まると感じました。

- 協力ゲームとして、カードを譲ったり小さなアクションをしたり場の札を増やしたりと、プレイヤーが1ターンで選べる選択肢が多いので、ゲームに関われるおもしろさや、自分も貢献できることがあるという自己効力感が生まれました。

- ルールがそんなに難しくないため、小学生でも簡単に体験できそうだと感じました。福井の地名を覚えられる点もいいです。

- 「地球温暖化」を止めるためのアクションをするというシンプルな構図はわかりやすかったです。

- プレイヤー全員で戦略（「このカード取ります」「そっちに移動します」）を立てながら、ゲームを進める必要があり、コミュニケーションが必然的に発生するため、アイスブレイクでもつかえそうだと思いました。

- カードのイラストに、色々な人の作品が集まっているところが良かったです。

- SDGsにつながる様々なアクションがカードに書いてあり、子どもたちにあそびながらSDGsのことを伝えることができそう。子どもは記憶力がいいのできっとしっかり覚えてくれるのだと思う。

Itabashi Sanpo

いたばしさんぽ
身近なSDGsを探しながら、まちへの愛着を高める

図2・7　いたばしさんぽ（2024年）（出典：板橋区ホームページ）

対象年齢	小学5年生～
説明時間	5分程度
プレイ時間	15分程度　※自分で設定できる
プレイ人数	2人～5人
体験機会	リーフレット版は区内各所で無料配布
制作	板橋区
ゲームデザイン	株式会社10、慶應義塾大学大学院 政策・メディア研究科 特任助教 高木超、株式会社石塚計画デザイン事務所

SDGsとまちのつながりを学ぶ

「いたばしさんぽ」は板橋区政策経営部ブランド戦略担当課が主導し、**SDGsとまちのつながりについて楽しく学ぶことを目的としてつくられたBG**です。

2022年5月、板橋区は「絵本がつなぐ『ものづくり』と『文化』のまち〜子育てのしやすさが定住を生む教育環境都市〜」をテーマとして、内閣府の「SDGs未来都市」に認められました。**どこでも身近に、誰でもわかりやすく理解できる「絵本」は、誰一人取り残さないSDGsの理念に通じている**といえるでしょう。

そのような背景から本作は、行政、絵本作家、デザイナー、SDGs専門家、まちづくりコンサルタントという5者で検討が進められました。区内の**小中学校の授業で活用することを視野に入れていたため、制作段階から教育委員会や小学生たちの協力を得ながらつくられています。**

2024年度からは区内の32の小中学校などの授業で活用され、**完成したゲームを用いた公開モデル授業も実施。その様子を撮影し、「いたばしさんぽ教員向けガイド」を制作**し、各教育機関に展開しています。

現在は本作が体験できるようなリーフレットが作成され、区内での普及活動が進んでいます。なお、**本作の仕組みやデータ、ノウハウなどをオープン化することで横展開し、地方創生に役立てることを目的とした使用ガイドラインも策定**しています。

サイコロを振ってSDGsビンゴを目指す

本作は2〜5人であそぶ対戦ゲームです。自分の番が来たらサイコロを振ってコマを動かします。タテとヨコを自由に動かすことができま

す。ナナメ移動はできません。

　文字が書いてあるマスに止まったら、マスの言葉を読み上げて、書いてあることをやってみます**(図2・8)**。例えば、「4　質の高い教育をみんなに　ボローニャ絵本館で、同じ絵本の日本語版と外国語版を見比べたよ。日本語・英語以外の言葉で『ありがとう』を言う」のようなマスがあります。このマスに止まってアクションを行ったら、自分のポイントシートにチェックをします**(写真2・32)**。これをくりかえしてゲームは進みます。終了条件は自由に変更できますが、基本的なルールとしては15分間としています。この時点でいくつビンゴができているかを数えます。最もビンゴができたひとが勝ちとなります。

　学校での普及時は、先生が授業の中でやりやすいようにカスタマイズしてよく、グループ内で個人戦をしてもいいし、グループごとの団体戦としてもいいとされています。

　絵本作家によって描かれたカラフルなボードはとても美しくワクワクします。よく見ると、区内の様々な施設や要素が散りばめられていて眺めているだけで楽しめるでしょう。

　「SDGsは遠い世界の話ではなく身近な話である」というテーマについて、区内では光学産業が盛んであるため「いたばしレンズで世界を見つめて身近なSDGsを発見しよう」というあそび心も入っています。

🎲 プレイイメージ

サイコロ振ります。3！ 「11住み続けられるまちづくりを　大きい地震が起きたらどうする？家族で話し合ったよ。→『地震が起きたときにすぐやること』を言う」ですって。「頭を守る」かな。

図2・8　絵本作家によって描かれたカラフルなボードがワクワクさせる
（出典：板橋区ホームページ）

写真2・32　ポイントシートにチェックして多くのビンゴを目指す。なお、シートそのものも、SDGsの達成に貢献する環境への配慮がなされている（撮影：石塚計画デザイン事務所）

まちづくり×ゲーム

2

身近なSDGsを探しながら、まちへの愛着を高める／いたばしさんぽ

169

サイコロは2。「9 産業と技術革新の基盤をつくろう　パソコンをつかって、プログラミング学習。将来はエンジニアに！→将来あったらいいなと思うものを言う」…えーと、どこでもドア！

 それはほしい！　サイコロは3で「2 飢餓をゼロに　農業体験に参加したよ。野菜を育てるのって大変だけど、楽しいな。→大きな大根を抜くジェスチャーをする」ですって。はい、抜きました！

私の番。サイコロは1です。「いたばしレンズで世界を見てみよう→身近なところにある『SDGs』を見つけて言おう」だって。うーん、水を出しっぱなしにしない、とかですかね。

 それSDGsの何番ですか？　ビンゴにチェックしないと。

なるほど！　えーと…6番かな？「安全な水とトイレを世界中に」です。6番にチェックして、2列ビンゴです！

 サイコロ3です！「13 気候変動に具体的な対策を　台風接近中！長期保存が可能な『防災スナック』で備えは万全。→思いつく非常食を言う」えーと、乾パン！　1列ビンゴです！

サイコロは3です。移動して終わりです。

 サイコロ振って…1だから、何もせずに終わりです！

はい、時間でーす！　ここまでー！

ゲーム終了

わちゃわちゃして忙しかったけど、なんやかんやで楽しかったです。みんなで笑えるのがBGのいいところですよね。

ボードのイラストがとにかく目を引きますね。板橋区の代表的な場所やイベントが記載されてるのも良かったです。「ここは行ったことがある、ここはない」と、話が盛り上がるだろうなと思いました。

小学校に配布しているということでしたが、これはゲームというか、完全に教材としても成立してますね。制限時間を計らないでじっくり授業でつかいたいと思いました。

「同じことを言ってはダメ」というルールは特になかったと思うけど、小学生だと勝つのに夢中になって前の子と同じことを言いそう。SDGsを知る・考えるというゲームの狙いからいっても、そこは禁止にしたほうがいいかもしれないですね。

いたばしレンズのマスが効いてますね。それとなくSDGsっぽいことを言うことはできるけど、それが何番なのかは、SDGsをきちんと覚えてないと言えないです。

それは思いました。私もSDGsの何番が何、というところまでは覚えてないなと思いました。子どもたちはこれであそんでいたら、すぐに覚えそうです。

趣旨が違うと思うけど、絵本作家さんが有名な方だよね。この作家さんの絵本を持ってるから、なんだか感動しました。

わかります。絵本作家とコラボするBGって素敵ですよね。

ゲームの裏側にあるテーマと実現手法

伝えたいテーマ

①SDGsってよく聞くけど、具体的になにをすればSDGsにつながるんだろう？

②「板橋らしさ」ってどういうところだろう？

↑　↓

実現手法

①たとえば「3　すべての人に健康と福祉を」では「外で本気で鬼ごっこをやった」、「12　つくる責任つかう責任」では「リユースの服を買った」、「14　海の豊かさを守ろう」では「石神井川から海へごみが流れないように持ち帰った」など、**多くのコマの例示がSDGsが身近なものであることを感じさせる**。また、「いたばしレンズ」のコマでは身近なSDGsを発見することをミッションにしているので、**日常生活からSDGsを考えるきっかけになる。**

②「絵本のまち板橋」を前面に出し、**板橋区ゆかりの絵本作家である三浦太郎氏とコラボレーション**している。ボードのデザインはカラフルなイラストで埋め尽くされワクワク感でいっぱいだ。また、板橋区の代表的な場所が描かれていたり、区の花である「ニリンソウ」が描かれていたりと、**板橋区のことが丁寧に描かれたボード**になっている。

🎲 活用した声・エピソード

- 「SDGsって難しいことをたくさんやらないといけない難しいイメージがあったけど、このゲームをやって、ビオトープを育てたりゴミを拾うとか簡単なことからできると気づいた」（小学5年生）

- 「今まで板橋区とSDGsをつなげて考えたことがなかったけど、このゲームをとおして関係をよく知ることができた」（小学5年生）

- 「ゲームのマスに色がついていて、色を見ればSDGsの何番なのか、どの目標なのかを覚えやすかった。声に出して読むマスもあって、そこも覚えやすかった」（小学5年生）

- 「SDGsの目標の1つ1つに、こんなにも色々な意味があることがわかった」（小学5年生）

- 「小学5年生は多感な時期であり、男女の溝が大きく、お互いにいがみ合うことも多い年ごろですが、**ゲームをとおして男女がハイタッチするなど、仲良くゲームに取り組んでいる姿がとても印象深かった**です」（教員）

- 「このゲームを授業で取り扱っているのですが、普段の授業とは違い、楽しくSDGs・板橋区のことが学べて良かったです」（子ども家庭総合支援センター（児童相談所）職員）

- 「アートの力を使って、SDGsという国際的な課題を身近に感じ、能動的に学ぶことを促す点について評価をいただきました」（区職員）

まちづくり×ゲーム

2

身近なSDGsを探しながら、まちへの愛着を高める／いたばしさんぽ

173

座談会　ボードゲームと

2024年3月23日(土)「世田谷のまちと暮らしのチカラ　まちづくりの歩み50年」という企画の一環で「ボードゲームとまちづくりの関係」というイベントが開催されました。まちづくりゲームの作者が集まり、ゲームの体験会およびトークセッションを行うというものです。まちづくりの現場でBGがどう活用されているのか様々な話し合いがされました。このコラムはイベントをもとに再構成した内容です。

まちづくりの関係

トークセッションの様子

まちづくり×ゲーム 2 座談会／ボードゲームとまちづくりの関係

登壇者

饗庭 伸
東京都立大学教授。「夢見る都市計画家ゲーム」作者。

千葉 晋也
株式会社石塚計画デザイン事務所共同代表。公共施設の未来体験ゲーム「カワタン」や「いたばしさんぽ」の制作に関わる。

石原 滉士
東京都立大学大学院都市環境科学研究科都市政策科学域饗庭伸研究室修士2年。「ミライノクラシ」作者。

増元 涼香
武蔵野美術大学造形学部視覚伝達デザイン学科4年。「今地震が起きたなら…?」作者。

安藤 哲也
筆者。「kenpogame〜kenpoバリアで日本を守れ!」「カワサキケイカンボードゲーム」作者。

聞き手

橘 たか
合同会社橘代表。ボードゲーム好きなまちづくりプランナー。WS用のBG制作経験もあり。

※登壇者・聞き手の肩書はイベント当時のものです

175

ゲームをつくるって難しい？

橘：学生のお2人にまず伺いたいのですが、BGをつくることになった
きっかけを教えてください。

石：大学院の授業がきっかけです。団地再生をテーマにしたゲーム
をつくったのですが、体験会にて「団地の大規模改修のときに
つかえそうじゃない？」というコメントをいただき、改善したもの
が今のゲームです。

増：南海トラフ地震が来るといわれているのに、自分が何も備えて
いないことがきっかけでつくり始めました。災害対策をいざやろ
うとしても、面倒だなと思い、楽しく知識を得るにはどうしたら
よいかなと考えた結果、BGになりました。

橘：苦労したポイントなどありましたか？

石：ルールが高齢者には難しくて、結局現場でつかうことができま
せんでした。他には**「楽しくしすぎると現実の課題が抽象的に
なりすぎる」「『シビアな話をゲームでごまかしている』という誤
解を受けそう」**という指摘も受けました。そのあたりが難しさか
なと思います。

増：既存のゲームは長くて複雑だと感じていました。なので、短く
て、楽しくて、印象に残るゲームを目指しました。災害がテー
マなのでリアルすぎると重い話になってしまうし、ぼやかしすぎ
るのも伝わらなくて。**リアルさについては悩みました。**

まちづくり現場におけるゲームの可能性とは？

橘：まちづくりの現場でゲームを活用することってできそうですか？

安：ゲームというと日本は「くだらん！」と言い出す方々がいますが、

ボードゲーム「ミライノクラシ」

ボードゲーム「今地震が起きたなら…?」

ゲームってシミュレーションですよね。**精緻につくることができれば限りなく現実に近い体験を得られる**と思っています。実際、有名なファミレス店ではかなり前から職員の研修用にオリジナルBGを開発して活用している例もあります。

千：「ゲーム的な要素」をWSに取り入れられるとは思っていて、公共施設の未来体験ゲーム「カワタン」（以下、カワタン）は公共施設の維持管理や取捨選択など、市民感覚では得られないものをゲーム化することで伝えています。

橘：例えば、どんな風に？

千：図書館ひとつとっても、市民からすると「つかい慣れた図書館を大切にして欲しい」と、愛着や個人のニーズで見てしまうのですが、**行政は引いた目線で考えないといけません。リアリティと学びをどこまですり合わせていくかが悩んだところ**です。

橘：シミュレーションではあるけど、リアリティも必要だと。

千：カワタンは架空の都市ですが、川崎市にありそうなものをテーマにしています。市民もアニマル市民といって、限りなく人間に近いけど人間ではありません。

橘：なるほど、架空と現実の間なんですね。

千：カワタンは3時間くらいかかる長時間ゲームで、グループに分かれて対戦するのですが、最後は自分たちのまちのこだわりをキャッチコピーにするので、最終的にまちづくりをみんなで考えた、にたどりつきます。10年、20年、30年という時間軸も設定していて、未来は公共施設が壊れてしまったりもします。

橘：いたばしさんぽはいかがですか？

千：SDGsのことを学ぶことと、学校の周辺のことしか知らない子どもたちにあそびながら板橋区全体を知ってもらいたいという思いでつくられたゲームです。小学校の授業でつかうことを前提につ

くっているので15分で終わる時間制のゲームになりました。カワタンはシナリオがしっかりあるタイプで、いたばしさんぽはあそび方も柔軟にできるタイプです。

饗：ゲームは明るい雰囲気をつくり出しますよね。ゲームがあるとひとはまず楽しもうとします。笑顔が溢れるのが良いですね。まちづくりの現場で毎回つかっていたら怒られるかもしれませんが、**連続するWSの導入部分でつかうのは楽しさを共有するという意味で可能性を感じます**。

橘：楽しいのは大事ですよね。

饗：はい。もう1つ、対等性がつくり出されることも大事ですね。おじいさんも子どももゲームの**ルールの前では対等になる**んです。ゲームは発言も対等にします。通常のまちづくりの現場だと「子どもは黙ってろ」といわれかねませんが、ゲームであれば対等に発言できます。この2点を挙げたいと思います。

安：では僕は、**自分の属性から解放される**ことの大切さを挙げます。通常のまちづくりの現場では「どぶ板論」といって、「自分の土地が…」とか「自分の場合は…」と自分の主張ばかりになってしまいがちですが、ゲームという媒介をとおすことで「通常の自分」と切り離せるのは大切なポイントかなと思います。

橘：先ほどの千葉さんの事例も同じですね？

安：そうです。日常ふつうに生きていて、市の財源を「市の立場で考える」ことなんてないですよね？　これが自分の属性と切り離して考えるってことです。こうした体験は視野を広げてくれると思います。

橘：これがシミュレーションの強みですね。

安：はい。ゲームの可能性でいうともう1つ。**ゲームをとおして知らないことを知れる**、という可能性です。例えばkenpogameで

すが、憲法が我々の生活にどう関わっているのか、どんな意味があるのかをゲームをすれば理解できます。

橘：憲法って身近なはずですけど、中身をきちんと知ってるかといわれると困っちゃいますね。

安：よほど関心が強いひとじゃないと日常で憲法について考えることってないと思うんです。ゲームをプレイすればそれを知ることができるのはゲームの可能性だと思います。ちなみに、**ゲームをすれば合意形成ができるという考えは基本的にない**と思っています。

千：安藤さんの話と重複しますが、知らないことを知れる、引いた目線で見れる、はそのとおりだと思います。**WSって自分を出していくものですし、ときに敵対することもあると思いますが、ゲームはもっと引いた目線になれるところがいい**と思います。

安：自分と切り離せるんですよね。

千：実際に川崎では、連続WSの初回でカワタンをあそぶことで公共施設のマネジメントについて体験してもらい、2回目以降に公共施設について意見交換するような通常のWSプログラムにつなげています。カワタンは3時間のゲームなのでWS1回分をまるまるつかってしまいますが、結果としてゲームをとおして色々な学びもあり、WSがさらにいいものになったように思います。

橘：WSをいいものにするなんて可能性ありますね！

千：はい。もっと色々なシーンで楽しく活用できるなと思います。ゲームの可能性を自分自身も勉強したいなと思っています。

橘：私も、交通安全をテーマにしたゲームをつくったことがあります。たくさんある交通安全対策のうち、うちの地区はどれが一番合っているのかをみんなで考えるゲームでした。勝敗があるわけでもなく、ゴールするわけでもないゲームです。

安 : ゲームっぽい WS なわけですね。

橘 : 今日の話でいうとそうですね。他には「飲み屋で会っただけなのに」という商店街の若手のひとたちがたまたま飲み屋で出会って、最後はイベントの企画書を書き上げてしまうというストーリーのゲームもつくったことがあります。チーム戦でスゴロクしながら、本当に企画書を書いてもらうのです。これは川崎市の商店街の若手役員向けの研修でプレイしてもらいました。

千 : それ、面白そうですね！

石 : 僕の場合、ビジネスのコミュニケーションでもつかえるのでは？という指摘があったので、ルールを切り取ってアイスブレイク用のルールをつくりました。また、社員研修や学生のインターン向けにビジネス用のルールもつくりました。色々と模索しているところです。

なんで普及しないの？

千 : いたばしさんぽですが、板橋区、SDGs専門家、デザイン事務所、まちづくりコンサル、絵本作家、という5者で開発をしまして、他のまちで活用したいというまちがあれば、スキームの共有してもいいのではないか、という議論をしています。

橘 : 他の自治体や企業がつくってもいいということですね？

千 : はい、そうなんですが、イラストは絵本作家の作品なので転用は不可ですし、**むしろこの絵を描くプロセスこそが、そのまちらしさを考える重要なプロセスだったりする**という議論をしています。

橘 : そこは確かに重要ですね。

千 : ゲームの仕組みをルール化しつつオープンソース化していくことがあれば、**つくる過程を含めて色々なまちに普及できるのでは**

という議論が出ています。ハードルは色々ありますが、一連のスキームを他のまちでも転用することができれば、WSやまちづくりの可能性が拡がると思いました。

橘：オープンソース化にするにあたり、問題になる部分を取り除いてから公開してはどうかというお話ですね。ちなみに、ゲームに著作権ってあるのでしょうか？

安：イラスト等には著作権があるのですが、ゲームのルールには著作権がないといわれています。

千：**オープン化を議論することによってオープンソース化できないものを明らかにするということも重要**ですよね。例えば、今だったら安藤さんがつくったゲームを他のデザイナーがちょっとだけ変えてつくっちゃうこともできてしまう。

安：まぁそうですね。

千：なので、安藤さんがいいといえばオープンになるし、ダメだといえばオープンにならない。**ちゃんと作家を大切にしてね、ということをすると、まちづくりがよりいい方向にいくように思います。**なので、著作権の話もしないといけないのかなと思っています。

橘：饗庭さんの研究室（饗庭研）では、毎年すごい数のゲームが誕生しているわけですが、まちづくりの現場に展開せずに消えていくゲームも多いかと思います。なぜ普及できていないのか、という視点でいかがでしょう？

饗：普及しようと思って、『素が出るワークショップ』（学芸出版社、2020年）という書籍を発行しました。安藤さんも共著です。この中には本日紹介した「夢見る都市計画家ゲーム」や、安藤さんの「kenpogame」「カワサキケイカンボードゲーム」も入っています。ゲームを紹介した本を出して、みんながつかってくれればいいなとは思っています。

182

饗庭研で作成した「夢見る都市計画家ゲーム」

橘：ノウハウを本にして紹介している、ということですね。

饗：大学院では、7回の3時間授業でゲームをつくっています。BGをやったことない学生もいますから、最初の数回はひたすらゲームであそびます。そこから**面白い部分を集めて「面白いゲームのパターンランゲージ」をつくり、それを組み合わせながら自分たちでゲームを開発**していきます。

橘：安藤さんの「カワサキケイカンボードゲーム」も同じでしたね。

饗：ですね。そのときに学生たちに伝えるのは「君たちが勉強したことを社会に伝えるためのゲームをつくろう」ということなんです。環境問題を勉強してきたひとは、環境のどの問題をゲームにしようか。どんなルールでそれを議論してもらおうか。そういうことを考えます。**伝えたいことがあって、その伝え方をゲームに組み合わせていくだけ**なんです。だから、そんなに難しくないだろうなって思っています。

183

橘：「伝え方」がゲームという形式だということですね。

饗：はい。まちづくりの現場で広く皆さんに伝えたいことってありますよね。それを提言書にするのではなくて、ゲームにしましょう、ってそういう話なんです。**ゲームがうまくできると、市民の皆さんがやっているうちに勝手に燃えあがって理解してくれるというわけ**です。

橘：ゲームなので、参加者に楽しさも提供できるんですね。

饗：そうです。**まちづくりにまだ普及していない、うまく行かない、という話ではなくて、誰もやってこなかっただけ。これからじゃないかな**と思っています。

安：すごくありがたいです。励まされました。

饗：会場の皆さん、安藤さんと千葉さんみたいなひとが一般的な都市計画コンサルタントだと思ったらいけませんよ。僕の知る限り、全国でゲームをつくっているコンサル、この2人しかいないです（会場笑）

安：確かに全然いないですね。

饗：僕と安藤さんはちょっと特殊で、10年前からこういうことを議論してるんですよね。だから昨今の変化が見えているので、これから広がっていくと思います。誰もそんなこと考えていないですもんね。

安：ブルーオーシャンだと個人的には思っています。

橘：ブルーオーシャンにいる2人を偶然にも呼んでしまったわけですね。安藤さんからもなにかコメントをいただけますか？

安：はい、では3つほど。1つは、川崎市のゲームをつくるときに体験したのですが、最終的に**行政からテコ入れがいっぱい入ってしまう**こと。市民の思いを入れ込んだゲームをつくっても、**行政発注だと行政が監修するから、本来ゲームにいれたかった魅力**

が行政都合でどんどん削ぎ落とされることがありました。

千：それは確かにありますね。

安：対して2つ目は**民間と組む可能性**。「kenpogame」は全国の弁護士組織と組んでつくった事例で、さっきファミレスの事例も挙げましたが、これらは**内容的に攻めたゲームがつくれて非常にポテンシャルがあると思っています**。

橘：民間であれば行政ほど細かくはいわれないかもしれないですね。

安：ただし難しさとしては、行政発注は「普及」が目的のため儲けを考えなくていいのですが、**民間だと「営利」の要素もでてくるので、ある程度売れるゲームにしないといけない**可能性も出てきます。

橘：民間で「普及」の案件だとラッキーですね。

安：「kenpogame」はそうでしたね。とはいえ、資金はクラウドファンディングで集めて、販売もキッチリしましたけど。僕がこれからやってみたいなと思っているのは、今自分が働いているようなまちづくり組織のシミュレーションゲームです。

橘：どんな内容ですか？

安：例えばですが、アーバンデザインセンターで常に何に悩むかというと人材なんですよね。雇ってから3年後に一人前では間に合わないんです。なので、アーバンデザインセンターで僕が培った8年分のノウハウを追体験できるようなシミュレーションゲームができるとすごくいいなと思っています。雇用してからそのゲームをつかって研修するのもいいし、そのゲームの成績が採用試験に関連してくる、とかも面白いかなって（笑）

橘：なるほど（笑）真剣にゲームをやらないといけないですね。

安：実際、企業の採用試験で協力型ゲームをやらせるって事例もあるんですよ。**協力型ゲームって、思考力だけじゃなくて、他の**

185

ひとへの気遣いや発言の仕方、準備・片付けは前向きにできるかなど、色々な態度まで見る機会になる。 見どころはいっぱいあります。

橘：確かに。BGを一緒にやっていて楽しいひとっていますよね。

安：そうなんです。話を戻して最後の1つは社会全体に関してなんですけど、BGの世界大国であるドイツで毎年開催されるエッセンシュピールという世界で一番大きいBGの祭典に行ったときのお話なんですが。

橘：そんなお祭りがあるんですね！

安：ドイツの幼稚園にも視察に行ったんです。行ってみたらBGがたくさん置いてあって。その幼稚園の園長先生にヒアリングしたら、「BGは言葉も覚えるし、算数にもなるし、いろんな考えも身につくし、何より楽しいじゃない。**こんなに学びに適したツールがあるのに、日本の子どもたちはなぜつかわないの？** 一体何をつかって勉強するの？」って言われたんです。

橘：それは難しい。なんて答えたんですか？

安：日本の視察団はフリーズです。向こうは堂々と「楽しくあそびながら学べるならいいじゃん」って言うんですけど、何も言えなくて。

橘：「ドリルをつかっています」とは、言えないですね。

安：そのときに日本人って呪いにかかってるなと思ったんです。マジメこそ善行で、楽しいことは罪悪みたいな。だから、行政の仕事とか、会社の研修とかで、「ゲームやります。楽しいんですよ」っていうのは、アピールポイントにならないんです、日本は。

千：確かにそうかもしれないですね。

安：でも、饗庭先生もさっき仰ってましたけど、**ひとを動かす上で楽しいってめちゃくちゃ大事**じゃないですか。それが認められない社会っていうのは問題だなと感じています。「楽しくて学びが

あるなら最高じゃないの?」ということをもっともっと広めていきたいなと思っています。

橘:それでNPO活動をされてるんですね?

安:はい。BGを活用したコミュニティカフェもそうですし、小学校や自治体などで、親子向けや大人向けに、BGの講演体験会をやっています。そういうところから変えていきたいな、と。あと、うちの子どもたちが通っている保育園にBGを寄付しまして、BGが子どもたちの生活に根付いてほしいと思っています。

橘:饗庭先生、千葉さん、最後に何かコメントいかがですか?

饗:BGについてこんなに語り合ったのは初めてですが、やっぱり可能性ありますよね? 皆さんもどこかでつかえそうだなと思ったら、どんどんつかって広めて欲しいなと思いました。

千:確かにゲームをつかってまちづくりをしようという取り組みは少ないことを改めて理解したので、これから色々やってみたいと思いました。まちづくりの現場でゲームをつかう・つくる可能性をどんどん増やしていく方に関わっていきたいなと思いました。

初対面のひとと楽しくあそべるのもBGの魅力

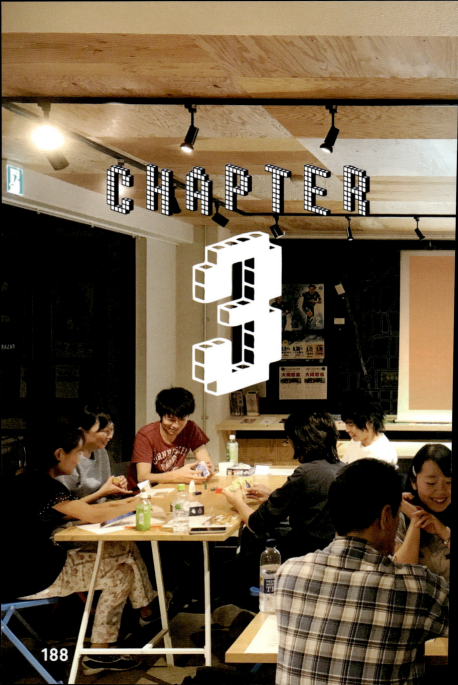

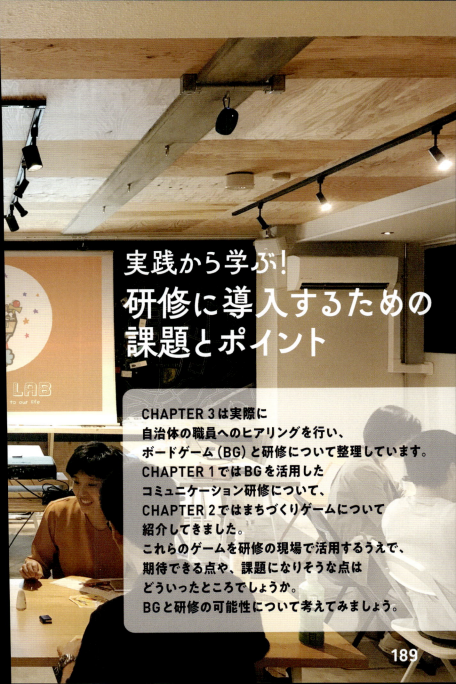

実践から学ぶ!
研修に導入するための課題とポイント

CHAPTER 3は実際に
自治体の職員へのヒアリングを行い、
ボードゲーム（BG）と研修について整理しています。
CHAPTER 1ではBGを活用した
コミュニケーション研修について、
CHAPTER 2ではまちづくりゲームについて
紹介してきました。
これらのゲームを研修の現場で活用するうえで、
期待できる点や、課題になりそうな点は
どういったところでしょうか。
BGと研修の可能性について考えてみましょう。

研修の課題はゲームで解決できるか？

🎲 自治体職員の研修に関する声

　私自身、これまで自治体から依頼を受けて何度か自治体職員に向けた研修を行った経験があります。内容は大きく分けると2種類です。

　1つは協働研修で、「市民協働」の基本的な知識や、市民協働を実践するうえで行政職員として留意したい点、現場運営のノウハウなどを学ぶものです。もう1つはコミュニケーション研修で、これについてはCHAPTER 1で紹介したものです。

　今回のメインテーマである「まちづくりゲーム」を研修の現場で展開するにあたり、研修を実施する側の意見もうかがうために、複数の自治体の職員の協力を得てヒアリングを行いました。

> Q1：研修の現場ではどのような課題があるのか？
> Q2：まちづくりゲームを研修で実施する際、期待できるポイントは？
> Q3：まちづくりゲームを研修で実施する際、想定される課題は？

🎲 研修担当者へのヒアリング

Q1 | 研修の現場ではどのような課題があるのか?

● 年次研修などの必ず参加してもらうタイプの研修と、任意参加で興味があれば参加するタイプの研修があるのですが、それぞれ次のような課題を感じています。

必ず参加するタイプの研修について

● 新人研修、部下のマネジメント、危機管理など必ず参加してもらうタイプの研修は前年の内容の踏襲になりがちです。また、効果が数字で測れない部分もあります。

● 内容が面白いものではないので、正直なところ、嫌々参加しているひとも多いです。

● 多くのひとが「記憶に残らない」と言っています。

任意参加の研修について

● 参加が義務でないため、内容は濃密になるのですが、参加者を集めることが大変です。

● 集客しやすそうな「目新しいテーマ」「楽しいもの」を持ち込めばひとを集めやすいのですが、その場は盛り上がるわりに、翌日はいつもの実務に戻り、研修が血肉にならないという問題も生じています。

Q2 | まちづくりゲームを研修で実施する際、期待できるポイントは?

- ▶ 一番期待できるのは楽しそうである点です。結局のところ、職場の人間関係が最重要な部分もあるので、社内コミュニケーションが活性化し、関係性が良好になるような研修だと理想です。

- ▶ 研修にも任意参加の自主研修がありますが、多くの場合は人数が集まらずに苦労をしています。結果、各課から1名ずつ参加というノルマ制になることもあります。それを防ぐためにも、大前提として「楽しそう!」と参加者に思ってもらえる内容は重要だと考えます。

- ▶ ゲームの種類によると思いますが、現場の体験(シミュレーション)ができるといいなと思います。研修によっては講師の話を聞くだけで、そのときはわかった気になるのですが、結局何もわかっていないことも多いです(終了後のアンケートで参加者からそのような意見をもらうことが多いです…)。

Q3 | まちづくりゲームを研修で実施する際、想定される課題は?

- ▶ 楽しい研修が求められるが、楽しさだけではNGというジレンマがあります。研修(ゲーム)後に、学んだ内容をどのように日々の業務に落とし込むかが重要だと思います。

- ▶ まちづくりゲームに限らず、すべての研修で言われていることですが、効果検証が難しい点が課題です。庁内・議会等で成果を説明するハードルが高くなります。

- ▶ 研修で重要な点は、研修の目的と参加者の目的が一致していることだと考えています。研修の目的→達成内容→評価、という一連

の流れができていることが大切です。

● まちづくりゲームという、Off-JTで実施した収穫をどのように現場に持ち帰るのか、という点です。マインドセット（気づき）→体験→行動変容を促す工夫が必要になります。

● 任意参加のテーマ型研修として実施する場合、新卒から管理職まで階層を横断することになるので、多様なメンバーの満足度を上げることが求められます。

　複数の自治体の職員へのヒアリングをとおし、**共通していた課題は「研修の内容に面白みが足りない」「研修の内容が身に付かない」「研修の効果が見えにくい」「そもそも研修の参加者を集めること自体に苦労している」という点**でした。そのため、まちづくりゲームにはこれらを改善するような要素が期待されているように感じられました。つまり、「面白くて」「人の関心を引いて参加者を集めやすく」「シミュレーションとして有効で日々の業務に活かされる」といった点です。

　続いて、実際に自治体の職員へ研修をしているコンサルタントへヒアリングを行いました。研修を実施する側としてはどのような点に配慮しながら研修を実施しているのでしょうか。研修のプロフェッショナルとして、まちづくりゲームのポテンシャルとリスクについて語っていただきました。

INTERVIEW

自治体研修の
プロフェッショナルに聞く

合同会社Active Learnersの2人
ファシリテーションのマインドとスキルを活かし、参加者の主体性を引き出すことを
念頭に置いたワークショップ型会議・研修・授業・イベントのプログラムデザイン、
そして当日の運営・進行を通じて、主催者が本当に意図している理想の場づくりの
サポートを行う。

山ノ内凜太郎（写真左）
共同代表。1児＆2猫の父。ALs
として活動する傍ら、調理師とし
て料理の個人レッスンを開催し
たり、子ども向けイベントを主催。

米元洋次（写真右）
共同代表。ALsとして活動する
傍ら、産業能率大学准教授とし
て英語教育・ゼミを担当。ドラ
マーとしての活動もしている。

● 増える "協働" 研修

安：Active Learners（以下、ALs）は自治体職員向けの様々な研修を実施されていますが、これまでの研修はどのようなものがありますか？

山：協働に関する研修と、ファシリテーション研修が多いですね。前者では、自分のまちの協働や、協働を進めるために必要なスキルを学ぶというような内容です。後者は、内部会議や市民との対話を進める上でのマインドやスキルを学ぶ内容です。

安：どうして「協働」が増えているのでしょうか。

山：一般的には、人口減少時代に伴い税収が減少していること、市民ニーズと課題が多様化していること、そしてインターネットの発達に伴い市民が声をあげたり、活動したりしやすくなったことが挙げられます。こうした時代の変化を踏まえ、**「共助」——市民と行政が共にまちをつくるという機運が高まっている**という背景があります。

安：「協働」や「ファシリテーション」を学ぶって、研修としては比較的新しいジャンルだと思いますが、生まれた背景は何でしょう？

山：私たちは2017年から活動を開始しましたが、それまでもすでにそういった研修は行われていたようです。ただ、いわゆるセミナー形式で大学教授などの専門家を呼び、一方的に話を聞く座学のスタイルが主流でした。知識や情報のインプットは間違いなく必要です。ただ、**現場の担当者は学んだ知識や情報をどう現場で活かすかを考えられる新しいタイプの研修を求めて**いて、私たちはその現場に合わせてWS型の研修を提供しています。

米：世の中に「協働」を求める動きがみられるようになり、市民と行

政が一緒に何かをしないといけないことが増加していると思います。それに対して、**行政側はどうすればいいかわからない。協働の現場で物事を「決める」方法がわからないんです。**

安：なるほど。そこにニーズがありそうですね。物事の「決め方」を学ぶための研修ってどんなものでしょうか。

山：**物事を「決める」ために最も大切なのは「納得感」です。**それを抱ける研修を実際に体感してもらうことが一番です。

安：納得感ですか。どうすると納得感を得られるんですか？

山：大切なのは、**意見を出し切った、疑問を聞き切ったという状態にすること**です。そのためには、交流→発散→収束の3つのフェイズのうち、**交流のフェイズをきちんと取り、その場が安全・安心な場であると感じてもらうことが大切**です。

安：納得感を得て「決める」ためのスキルは何かあるのでしょうか？

山：例えば、投票する際に1人1票ではなく複数投票制にすることで、いきなり1つに決めるのではなくゆるく絞っていくとか、投票する前に集まった意見に対して、さらにもう一度発散してみるとか。他にもWSのゴールを自分たちで決めてから話し合う、という方法もあります。そうしたポイントを盛り込んだファシリテーション研修を体験し、納得感のある「決め方」を、実体験をとおして学んでもらっています。

研修がうまくいくってどういうこと？

安：研修がうまくいくためには、どんなことが必要でしょうか？

山：研修担当とコンサルチームでゴールをきちんと設定しておくことが大切です。①理想・目的として、組織・参加者にどうなってほしいのか、②その実現のために、この研修ではどこまで目指

すのか、③そうした結果を目指すうえで今のモチベーション・知識・スキルはどうなのか。これらの3点から逆算して、研修のプログラムを組み立てています。

安：参加者が研修の目的に沿った形で変化するのがひとつの成功ということですね？

山：そうです。ALsとしては、「一度受けた依頼をいつ手放せるか」を常に考えています。それができれば上手く行った証拠です。あるいは当初の依頼から発展した形の依頼であれば嬉しい。「昨年と同じ研修をお願いします」と依頼を受けると、嬉しいと同時に複雑な気持ちになります。

米：コンサルとしては自分たちが不必要になるのが理想ですね。

山：とある自治体では数年間、行政向けの研修を実施してきたのですが、毎年積み重ねていった結果、市民活動センターが行政向けの研修を担ってくれるようになりました。これはひとつの成功だったと思います。

安：研修の課題とそれに対する工夫は何かありますか。

米：**参加者の確保が一番の課題**かもしれません。課の中の誰かが輪番制で無理やり参加したり、いつも決まったひとだけが参加する状態は、できるだけ避けていただけるといいと思います。

山：工夫として、研修には同じ部署から2人以上で参加してもらうようにしています。研修後に自分の組織に帰って学んだ内容を展開してもらううえで、1人では難しいです。学んだことを日常業務に活かしていくことが大切なので、2人以上で参加し、咀嚼してどう活かすかを話し合うことを大切にしていただきたいと考えています。

まちづくりゲームのポテンシャルとリスク

安：今回のまちづくりゲームを自治体職員向けの研修に活用することについて、それが秘めるポテンシャルや、はらんでいるリスクについてどのように感じますか。

米：ゲーム形式は、導入として非常にキャッチーです。セミナー型からWS型へと変化した研修が、「ゲーム型」へ変わっていく可能性も感じます。参加者も集めやすいのではないでしょうか。一方で、**ゲームを研修に導入するための目的が重要です。扱い方を間違えると「楽しかった」という感覚しか残りません。**

山：ゲームはあくまで手法の1つなので、それ自体が目的化してしまわないように注意が必要でしょう。ゲームによって考えてほしい課題の中に入り込む前、つまりプレイ段階でのコミュニケーションが重要でしょう。**「〇〇を目指すために、今回はこういうゲームを扱います」と意味付けする**だけでグッと良くなりそうです。

米：何をトレーニングしたくて、どういうゲームを選ぶのか。せっかくならゲームを自らアレンジするくらいのマインドが必要かもしれません。**自分たちの研修で重要視したい課題に関するルールを追加するのもいい**でしょう。

安：それは面白いですね。既存のゲームに対して、部分的に自分たちの課題を盛り込むということですね？

米：はい、そのとおりです。それを誰ができるのか、という点が次の課題ではありますが。

山：研修が自治体内で自走するのが理想と言ったのですが、**まちづくりゲームがあれば研修をパッケージ化できるので、ファシリテーターが不要になるポテンシャル**は感じますね。

米：研修を受けてゲームのルールを覚えた職員が、自分のチームに

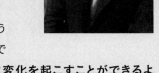

ゲームを持って帰って広めていけるような手軽さも感じますね。

安：拡散力と手軽さはまちづくりゲームの強みということですね。

山：あとは、意思決定の立場にいるような管理職の方々に参加してほしいですね。**管理職の方々のマインドに変化を起こすことができるようになると、ツールとして活きてきそう**です。

安：管理職にいるようなひとが「ゲーム」に食いついてくれるかどうかですね。有用性をいかに説得力をもって示せるかが大切になりそうです。

米：ゲームや漫画をとおして、人間とは何かを考えたり、組織とは何かを考えたり、発想が広がったり、気づきが得られることってあると思うんです。まちづくりゲームもその1つだと思うので、いかに発想の転換を提供できるかですね。

安：お2人とも、ありがとうございました。

研修現場でゲームを効果的に取り入れるには？

ゲームを活用する際の4つのポイント

自治体職員などへのヒアリングをとおし、ゲームを研修現場で活用する際に求められている4つのポイントが見えてきました。

1 | 楽しいだけで終わらず、学びがあること

もちろん、学びになる内容のゲームを選ぶことは大前提です。同時に、ゲームの選定よりも、プレイ前後の時間をどう工夫するかこそがさらに重要です。**研修で学んだものが日々の業務につながるよう、研修自体の構成に工夫が必要です**。以下のチャートのように一連の流れの中にゲームの体験を位置づけることが大切です。

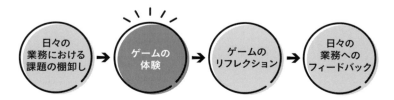

2 │ シミュレーション的な要素があること

　参加者が日々認識していても、様々な理由により現実では解決が難しい課題は多々あります。こうした課題をゲームの中で解決することにより一定の経験値を積むことができます。

　まちづくりの現場では、大規模開発事業のように数十年単位で物事が動くプロジェクトが当たり前に存在し、自分が働いている間に完成を見ることができないケースも多いです。しかし、**ゲームの中であれば、現実とは異なるスピード感を持ってプロジェクトを体験することができ、自分の経験値を高めることができます。**

　もちろん、"事実はゲームよりも奇なり"で、現実のほうが想像を超えてくるケースも多いですが、**シミュレーションを積み重ねて引き出しを増やしておくことは、実務の現場で間違いなく役に立つ**でしょう。

3 | 関係性が深まる楽しさを演出できること

楽しさの演出は、まさにゲームが本領を発揮できる点だといえます。「楽しい」を共有できると、チームの雰囲気も高まります。

私が店長を務めるボードゲームカフェにも、会社の同僚メンバーで連れ立ってあそびに来られるお客さまがいらっしゃいます。店長としては、「日々顔を合わせているメンバーの、いつもと違った側面が見えるゲーム」を紹介するのが腕の見せ所です。そのねらいが的中したときは、皆さん本当に楽しそうにあそばれています。「○○さん、そういうタイプだったの〜！？」などの会話が聞こえてくるとこちらも嬉しくなります。

"ノミュニケーション"が敬遠されやすい昨今、ゲームをとおしてのコミュニケーションではいかがでしょうか。コミュニケーションが良好になれば、日々の業務の円滑化も十分に期待できるでしょう。

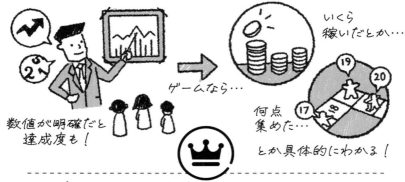

4 │ 勝敗があり、達成感につながること

　私はまちづくりのコンサルタントとして、15年近く多くの自治体職員の皆さんと仕事をご一緒しています。その中で常々思うことの1つは、**自治体職員の方々は達成感を得る機会があまりにも少ない**のではないかということです。

　自治体が民間企業と異なる特徴の1つは、利益追求型の事業ではないことです。民間企業であれば、今月の売上目標などが具体的な数値で示され、その達成に向けて個人やチームで頑張り、結果は目標に達したかどうかで明確に把握できます。つまり、大なり小なり勝ち負けがあり続けるということです。一方、自治体は数値で効果を確認する機会が少なく、職員の働きぶりや貢献度が自分でも把握しにくいし、人事課も評価しづらいと聞きます。

　このような自治体職員の背景を踏まえると、**白と黒がはっきり分かれるゲームには、日々の業務に欠けている要素を補う可能性がある**と感じます。「勝敗がつく」ということは、言い換えると「決められた目標を、決められた時間内に満たせるかどうかの勝負」です。ゲームをとおして数値にこだわることの大切さを伝え、日々の業務で目指している数値目標の妥当性や、目標に対する取り組みの成否などについて、今一度考えてもらうと効果的です。

そもそも、研修の価値とは

米国の人事コンサルタント会社ロミンガー社の調査によると、業務能力の向上に研修が及ぼす影響はわずか10％とされています。10％と聞くと、研修の効果を小さく感じますが、**研修などのトレーニングに費やす時間は業務時間全体から比較すれば小さなものです。それにもかかわらず10％の影響があるならば、研修の価値は大きい**と考えることもできるはずです。ゲームの種類によってはシミュレーションの要素も強くなるため、そうしたゲームの場合、「実業務からの学び」に近い学習効果も期待できます。

なお、総務省が主催した「ポスト・コロナ期の地方公務員のあり方に関する研究会」（2021〜2023年開催）では、「新たなチャレンジを応援する職場の雰囲気」「一体感」などの組織風土が重要とされ、地方公務員一人ひとりが力を発揮できる環境整備の重要性が示されています。ゲームを研修に用いることにより社内コミュニケーションは円滑化しやすいですし、個人のコミュニケーション能力の向上も期待できますので、求められている環境整備に役立つでしょう。

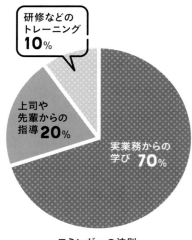

ロミンガーの法則
人が成長する影響の割合

研修の目的にぴったりなゲームはどれ？

研修の目的は？

特定の場のコミュニケーション活性化

↓

コミュニケーションゲーム

↓

ゲーム体験の後に何らかの具体的な検討テーマがある

ゴールにしたいコミュニケーションの形は？

- コミュニケーション能力の向上
- チームビルディングの向上 協力することへの気づきの誘発

対戦型コミュニケーションゲーム

個人のコミュニケーション能力の向上を目的にしたいあなたはこのグループがオススメです。

参照 → CHAPTER 1

オススメゲームの例

Dixit
はぁっていうゲーム

協力型コミュニケーションゲーム

チームのコミュニケーション強化を目的にしたいあなたはこのグループがオススメです。

参照 → CHAPTER 1

オススメゲームの例

THE GAME
ito レインボー

注意

どのような研修形式をとり、どのようなゲームを使用するとしても、最も重要なのは参加者に何を学んでほしいのかが明確に伝わること。そのためには研修自体の構成がとても大切であることを忘れないように！

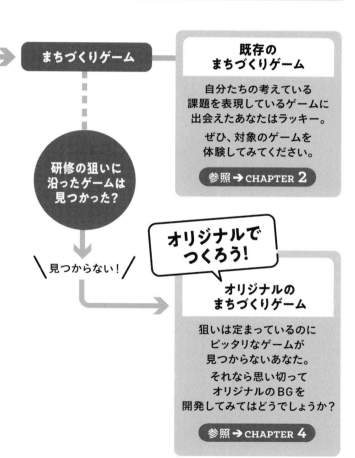

まちづくりゲーム

既存のまちづくりゲーム

自分たちの考えている課題を表現しているゲームに出会えたあなたはラッキー。

ぜひ、対象のゲームを体験してみてください。

参照 → CHAPTER 2

研修の狙いに沿ったゲームは見つかった？

見つからない！

オリジナルでつくろう！

オリジナルのまちづくりゲーム

狙いは定まっているのにピッタリなゲームが見つからないあなた。それなら思い切ってオリジナルのBGを開発してみてはどうでしょうか？

参照 → CHAPTER 4

つくってみよう！
あなたのまちに合ったオリジナルゲーム

CHAPTER 4ではゲームづくりに
チャレンジしてみるケースを考えてみます。
「いやいや、ボードゲームをつくるのは
さすがにハードルが高い」と身構えてしまうかもしれませんが、
ここまで本書を読んできた皆さんなら、
自分たちの悩んでいる課題を表現し、
普及啓発するためにオリジナルゲームを制作することの
効果も感じているのではないでしょうか。
実際にゲームをつくらないとしても、「ゲームづくり」に
関する思考の流れや陥りがちな落とし穴について学ぶことは
日々の業務に活かせる点も多いはずです。
オリジナルゲームづくりについて考えてみましょう。

⚀ ゲームづくりは目的？ それとも手段？

目的と手段を取り違えないことの重要性が、様々な場面で指摘されるようになっています。**ゲームづくりはもちろん「手段」**です。ゲームの体験やゲームづくりのプロセスをとおして、参加者にメッセージを伝え、行動変容がおきることを期待しています。

したがって、**ゲームの体験や制作をとおして達成したい「目的」を丁寧に掘り下げていくことが、ゲームづくりに欠かせない重要なステップ**です。

⚁ ボードゲームデザインのプロセス

ここからは、オリジナルのボードゲーム（BG）をデザインしていくプロセスについて、次の10のステップに分けて解説していきます。

STEP 1	プロジェクト全体の設計をしよう
STEP 2	テーマ・メッセージを設定しよう
STEP 3	既存のゲームをたくさん体験しよう
STEP 4	参考にするゲームを設定しよう
STEP 5	ゲームのストーリーを考えよう
STEP 6	ゲームの大枠のシステムを設定しよう
STEP 7	自分のゲームの強みを確認しよう
STEP 8	サンプルを制作しよう
STEP 9	テストプレイをとにかくたくさんしよう
STEP 10	完成！ここからがスタートです！

210

STEP 1　プロジェクト全体の設計をしよう

何のために、どこで、誰に、どうつかってほしいのか。まちづくりゲームをつくるプロジェクトとして目指したいゴールを設定します。まちづくりゲームの完成後を考えましょう。

> **point** ゲーム完成後の活用が決まっている場合は、制作のプロセスに巻き込みましょう。たとえば小学校で普及啓発することが決まっているならば、制作プロセスにターゲットである小学生を加えるべきです。多くの小学生や先生にテストプレイをしてもらい、現場の声を反映したフィードバックを得るといいでしょう。

STEP 2　テーマ・メッセージを設定しよう

メインテーマを決め、**ゲームを体験したプレイヤーにどのような行動変容を促したいか**を考えます。それがメッセージになります。

> **point** 本書で紹介したまちづくりゲームを分類するとすべて「誰かに、何かを、知って欲しい」という学習・啓発系のゲームです。つまり、「誰か」と「何か」を定めることがこのステップになります。

STEP 3　既存のゲームをたくさん体験しよう

ワークショップ（WS）形式でゲームづくりをする場合、参加者同士のアイスブレイクにもなりますし、検討を進めていく際の共通の引き出しになりますので、様々なジャンルのBGを体験しましょう。

> **point** 参加者に体験してもらうゲームは、様々なジャンルがいい
> ですが、STEP 2で定めたテーマ・メッセージに近いゲームがあれば、
> ぜひ体験してもらいましょう。

STEP 4 参考にするゲームを設定しよう

テーマを踏まえて、参考にするゲームを探します。世界観が参考に
なる場合もあれば、ゲームのシステムが参考になる場合もあります。

> **point** 模倣なくして創造なし、という言葉のとおり、既存のゲー
> ムを参考にするのは面白いゲームをつくるうえで大切です。参考にし
> たゲームのルールをそのまま流用するのはもちろん避けましょう。

STEP 5 ゲームのストーリーを考えよう

世界観や、プレイヤーがどういう立場のキャラクターなのかを考え
ます。ファンタジー世界で世界を救う勇者なのか。それとも現実世
界の中小企業の社長なのか、などを設定してみましょう。

> **point** これらの設定は後で何度でも修正可能なので、まずは直
> 感的にひらめいたもので制作を進めましょう。

STEP 6 ゲームの大枠のシステムを設定しよう

対戦ゲームなのか協力型ゲームなのか、勝者を決めるのか敗者を
決めるのか、ゲームのジャンルは何か（陣取り／タイル配置／ブラフ／ギャ

ンブル／パーティー／クイズ……）などの大枠を決めます。ファシリテーターが必要なゲームにするかも、この段階で検討しておきましょう。

> **point** 勝敗条件を決めることは、そのゲームの目指すものを伝えることです。ゲームのテーマ・メッセージと矛盾がないようにしましょう。たとえばカワサキケイカンボードゲームでは、景観ポイントを一番集めたひと＝勝者 です。つまり、「いい景観を目指すこと＝大切なこと」と伝えています。

STEP 7 　自分のゲームの強みを確認しよう

　自分のゲームの中で推したいポイントを見定める段階です。テーマそのもの、ゲームのシステム、アイテムの工夫など様々な可能性が考えられます。自分のBGの長所を理解しましょう。

> **point** この段階で固執しすぎないように注意してください。STEP 8～9をとおして、自分のBGの強みがわかることもあります。

STEP 8 　サンプルを制作しよう

　STEP 2で設定したテーマ・メッセージは表現されているでしょうか。ゲームづくりに夢中になると、最も重要な部分が伝わりにくくなっている可能性があるため、改めて見直しが必要です。
　サンプルは、プリンター印刷や手書きで簡単なものをつくるといいでしょう。細かなアイテムは100均やホームセンターなどでゲームの世界観に合う物を探すのも楽しいです。近年では3Dプリンターをつかってイメージどおりのアイテムをつくることも可能になりました。

point STEP 8〜9は何度も往復しますので、必要以上に凝った
サンプルをつくることに時間を費やすよりも、早めに多くのひとに体
験してもらうことをオススメします。

STEP 9 テストプレイをとにかくたくさんしよう

　テストプレイは非常に重要です。ターゲットに体験してもらい、理
解度の確認や、ゲームとして楽しめるポイントがあるかの確認をしま
す。また、ファシリテーターなしのゲームであれば、説明書を読ん
で実際に体験してもらいます。説明書を読んでも伝わらなければ普
及する際の課題になるので、説明書の改善が必要です。

point とにかく何度もテストをしてゲームバランスを調整してい
きます。制作者の想像もしないような致命的なバグが見つかることも
あります。その他、細かいチェックポイントは後ほど紹介します。

STEP 10 完成！ここからがスタートです！

　先ほど述べたようにゲームは「手段」です。「目的」を達成するため
に、どんどんゲームを活用しましょう。

point プロジェクトがスタートしたときとは違う活用方法が浮か
んでいることもあるはずです。それらは喜ばしいことと受け止めて、ど
んどんチャレンジしましょう。完成してから「どうやって普及しようか
な？」と悩まずに済むよう、普及手法の検討や仲間集めも並行して進
めておけると一層素晴らしいです。

214

参考事例の解剖

Case 1
P.116
kenpogame
〜kenpoバリアで
日本を守れ！

あなたのまちに合ったオリジナルゲーム

4

目的	憲法をあそびながら知ってもらうツールを作成し、今後の普及啓発につかう
テーマ	憲法を知らないひとでも、BGで楽しくあそぶうちに自然と憲法を知ることができる
参考ゲーム	パンデミック：新たなる試練
ストーリー	ここは憲法がない架空の日本。憲法がないせいで、国民にどんどん不幸が訪れている。憲法を復活させることで国民の生活を守ろう！
システム	●みんなで国を守ってほしいので協力型ゲームにする。決まった数の都市が滅びたら負け ●プレイヤーごとに異なる能力を設定し、多様性社会を表現する ●テーマが硬いので、ダイスの要素を入れて、パーティーゲーム感を出す
強み	●「憲法がない世界」にすることで、逆説的に憲法の価値を実感できるようにしている ●クラウドファンディングを実施し、予算の確保と共に多くの方々にリーチし、ファンを獲得する
サンプル制作	プリンター印刷レベル
テストプレイ	延べ200名近くで実施。老若男女幅広く体験してもらった。結果、ルールのスリム化を行いつつ、「かんたんルール」もつくることになった
完成＆普及	●インターネットで販売中 ●体験イベントを不定期で開催

215

Case 2

P.072

カワサキケイカン
ボードゲーム

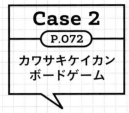

目的	景観に親しめるツールを作成し、今後の普及啓発につかう
テーマ	景観に関心がない親子でも、楽しくあそんで景観に親しむことができる
参考ゲーム	特にないが、制作プロジェクトではWS冒頭の1〜2時間は毎回、様々なBGの体験時間とした
ストーリー	あなたは都市デザイナー。市民のニーズを聞きながら、求められている景観をつくっていこう! 最も美しい都市をつくったプレイヤーが勝利!
システム	景観に配慮された建物を建てたり、市民の景観ニーズを満たしたりして、景観ポイントを稼ぐ
強み	● 景観は建築物単体ではなく、群になって生まれることが伝わる ● 古い建物を安易に建て替えることで、崩れてしまう景観もあることが伝わる
サンプル制作	プリンター印刷レベル
テストプレイ	延べ300名以上で実施(建築・都市を学ぶ大学生・大学院生を対象にゼミで実施、市内の小学校で体験会、市内の商業施設で誰でも参加可能な体験会の実施)
完成&普及	● 市内のこども文化センターに配布 ● 貸し出しや出前講座で体験可能 ●「普及する会」が立ちあがり、活動中

⚃ ゲームづくりの落とし穴

テーマ型とシステム型のどちらでつくるべき？

　ゲームの「ストーリー」をしっかりと設計したいなら、ここまでに解説したステップどおりに、テーマをはじめに固める（STEP 2）ことをおすすめします。一方で「面白さ」をゲームのシステムにうまく取り入れたいなら、既存のゲームを参考にする（STEP 4）ことからスタートしてみてもいいでしょう。好みに合わせたプロセスで進めましょう。

説教臭いゲームに注意しよう

　伝えたいメッセージが前面に出すぎているゲームは「説教臭いゲーム」と敬遠されることがあります。そうしたゲームは、**教科書を読まされているような感覚になる**ことがあります。他のゲームを参考にしたり、テストプレイからのフィードバックで修正しましょう。

ターゲットへの思い込みは厳禁

　「このくらいのルールなら、〇歳の子どもならできるだろう」という思い込みで制作を進めた結果、カードが文字だらけで読みにくい、漢字が読めない、ルールが難しすぎる、など大人からは想像できないトラブルが起きることもあります。大人の場合も同様で、ゲームに不慣れなひとにとっては、ボードゲームの独特なルールを理解することは想像以上にハードルが高いものです。STEP 9のとおり、**ターゲットを対象にしたテストプレイを数多く行いましょう。**

制作メンバーだけでのテストプレイは避けよう

　制作メンバーは、深くルールを理解しているので、初めてゲームを体験するひととは理解度が大きく異なります。そのため、**制作メンバーだけでテストプレイをすると、「どこが伝わりにくいのか」がわからないままゲームづくりが進んでしまいます。**

　そんなときは、そのゲームを知らない第三者に体験してもらいましょう。そうすると想像以上に理解されず、落ち込んでしまうこともあるでしょう。でも大丈夫。テストプレイはそのためのものです。指摘はありがたく受け止めて、素直にルールの改善に役立てましょう。

説明書も第三者に読んでもらおう

　ゲームのルールを伝える説明書も重要です。ボードゲームに不慣れなひとが作成した説明書を見ると、「この場合、どうなるんだろう?」「こういうケースについて書いてないな」という場合がよくあります。また、そもそも使用する単語(「ラウンド」「ターン」「フェイズ」「アクション」など)の整理ができていないこともあります。

　BGにはルールをわかりやすく伝えるためのコツが存在します。実際に制作経験のあるボードゲームデザイナーやボードゲームに慣れたひとにチェックしてもらうといいでしょう。複雑なケースやイレギュラーなケースについては例を載せたり、動画で説明をカバーしたりしてみましょう。

218

足し算したら引き算しよう

　ゲームづくりが楽しくなってくると、ついついゲームのルールを追加して複雑にしてしまうものです。しかし、先に述べたとおり、これは**ルールを理解しているメンバーだから複雑にしても対応できる**のです。ゲームがある程度完成した段階では、ルールを1つ足したら他のルールを1つ消す、くらいの意識でつくることをオススメします。

最後までハラハラする要素を組み込もう

　逆転の可能性がまったくないゲームは面白いでしょうか。かといって、後半の一手ですべてがひっくり返るのも問題です。最後まで決着がわからないように工夫をしましょう。後半に進むにつれて得られる点数の配分を大きくする、そもそも稼いだ得点を内緒にする、など様々な工夫ができます。

ゲームづくりはプロセスの１つにすぎない

　CHAPTER 4冒頭ですでに触れたように、最も重要な点です。**何のために、どこで、誰に、どうつかってほしいのか**をしっかり考えましょう。ゲームのルールづくりに夢中になって忘れがちですが、最も大切なのはゲームの完成後です。つくっておわりにならずに、様々な場で活躍できるようなゲームづくりを目指しましょう。

おわりに

愛してやまないボードゲーム

「ボードゲーム（BG）のどこがそんなに好きなんですか？」と聞かれることがあります。大きく2つあります。1つは、コンポーネント（コマやタイル、ゲームボードなどの構成要素）の美しさです。木製の愛らしいコマや、美しいグラフィックやワクワクする世界観のゲームボード。テーブルいっぱいにボードやコマを広げたときのワクワク感は、どれだけゲームをやっても尽きることがありません。

そしてもう1つは、ほかのひとと共有する時間です。パーティーゲームで楽しく笑いあう時間、戦略系ゲームをじっくり考え互いの思惑がぶつかり合う時間。負けても楽しい。勝ったときはさらに楽しい。プレイ中も、プレイ後も、会話が尽きることはありません。そんな時間がとても貴重で大切に思えるのです。

BGは人を幸せにできる？

「あそびのサンマ」という言葉があります。子どものあそびに必要な3つの要素である「空間」「仲間」「時間」のことです。「3つ」の「間」をとって「サンマ」といいます。

公園では禁止事項を掲げた看板が立ち並び、ボールを蹴ることも花を摘むことも禁止。近隣トラブルを避けようと、「大声はダメ！」と子どもを注意する親も少なくありません。犯罪への不安から見通しをよくするために植栽は伐採され、常に大人の監視の目があります。公園はさながら監獄のようです。ドラえもんに出てくるような、子ども

たちがいつも自由にあそべる空き地なんてどこに存在するのでしょう。

　少子高齢化が進み、一緒にあそぶ友達の数が減っています。異なる年齢の子ども同士の交流は、子どもにとって多くの学びが得られるはずの重要な機会なのですが、空き地で様々な年齢の子どもが入り混じって一緒にあそぶ、なんていう風景は、アニメの中だけの話になってしまったのでしょうか。

　「学歴だけが価値じゃない」という動きは確かに高まっているように感じますが、一方で「学歴は少しでも高いほうがいい」と思う親心も痛いほど理解できます。しかしそのために、子ども時代の貴重なあそび時間を大きく奪ってしまうことには疑問を感じます。私が関わった子どもの中で、小学校5年生で週8つの習い事をしている子どもがいました。今、あの子は元気でいるだろうか？とたまに思い出します。

　子どもたちはあそべる「空間」がなく、あそぶ「仲間」がいません。スマホゲーム・ネットゲームにのめり込む理由はそこにあると考えています。「空間」は不要で、「仲間」はネット上にいる。あとは「時間」さえあれば永遠にあそべますから。この状況で誰が子どもたちを責められるのでしょう。

　こうしたことを学ぶにつれ、漠然とした危機感が募っていきました。そんなときにふと思ったのです。「BGって、場所とメンバーが必要で、ほかのひととあそぶ時間を共有できる。あそびのサンマが全部入ってるのでは？」

　その気づきからすぐ、様々な実践を始めました。「おもちゃコンサルタント」の資格を取り、2015年にNPO団体「わくラボ」を立ち上げました。川崎市内の小学校などで親子向けにこうしたメッセージを伝える講演＆体験会を実施しつつ、「子どもの環境を変えるためにはまず大人から！」と、武蔵新城というまちでBGカフェをはじめました。お一人様が安心して楽しめるサードプレイスを目指しています。

夢だった家族とのボードゲームで確認できたこと

　子どもができたら家族でBGをするのが夢でした。2018年に娘が生まれ、1歳の誕生祝いとして、故郷の木更津市にあるおもちゃ屋「ゆかいなさかな」でマイファーストゲームとして名高い「果樹園ゲーム」を買いました。その後、娘がBGをあそべるようになるまで約1年半待ち、ようやくプレイ。初めて娘と一緒にあそんだ日のことを今でも覚えています。妻に「パパ泣いてるよ」と笑われました。

　2020年には息子が生まれ、2歳前半からBGに参戦。ルールを守らないとパパにしっかり叱られることを繰り返し、2歳後半になる頃には落ち着いてルールを守ってあそべるようになりました。ルールを守れる子どもが、あそびの中でもルールを守れるのではありません。子どもは、あそびの中でルールを守ることを学ぶのだと私は思っています。

　スマホやTVゲームも1つのコミュニケーションです。間違いなく楽しいものだと思います。ただ、私自身は、このゆったりとして、不便な、アナログが持つ空気感が大好きなのです。互いに同じものを見るのがスマホやTVゲームであるならば、BGはお互いの顔を見るものです。互いの表情を見ることの大切さを、BGはいつでも思い出させてくれます。

最後に。多くの方々のお力添えをいただき、この本を書き終えることができました。

掲載しているゲームの関係者の方々には取材や原稿のチェックなどでご協力いただきました。感謝申し上げます。

饗庭伸さんには、まちづくり×BGという考え方が鳴かず飛
ばずで、このまま芽が出ないのだろうかと落ち込んでいるとき、「これからこれから！」と笑って励ましていただきました。

このような貴重な機会をいただいた学芸出版社の松本優真さん。〆切を大幅に（年単位で！）過ぎているのに、私が仕事と育児で大変な状況であることに配慮していただき、急かすことなく見守っていただいたことには感謝の言葉もありません。

一緒に寝たいだろうに、毎晩のように「パパがんばって！」とカフェに送り出してくれた子どもたちと、学生時代から常に一番近くで応援してくれた妻にも、心からのありがとうを伝えたいと思います。

なによりも、人生の貴重な時間をつかってこの本を読んでくださった読者の皆さんにも心から御礼を申し上げます。皆さんの人生に、何か1つでもお役に立つことができれば、そんなに幸せなことはありません。

2024年冬
安藤哲也

安藤哲也（あんどう てつや）

1982年生まれ。ベンチャー不動産、都市計画コンサルタントを経て、コミュニティデザインラボmachi-kuを設立。2015年から柏アーバンデザインセンター (UDC2)にてディレクター、2017年から副センター長を務める。2015年にNPO団体わくラボを立ち上げ、川崎市内を中心にボードゲームの体験＆講演会を開催している。同年からボードゲームカフェ武蔵新城も運営。

現場での実務をとおし、まちと人のインターフェースをデザインすることが重要だと考えるように。本業である「まちづくり」と、副業である「ボードゲーム」を融合させた「ソーシャルデザインゲーム」を開発し、あそびをとおして大切なテーマを知り・学び・考えさせることを目指している。

主な著書に『都市を学ぶ人のためのキーワード事典　これからを見通すテーマ24』『タクティカル・アーバニズム　小さなアクションから都市を大きく変える』(いずれも共著、学芸出版社)。ボードゲーム「kenpogame ～kenpoバリアで日本を守れ！」「カワサキケイカンボードゲーム」の作者。2児の父。

まちづくりゲームカタログ
研修・ワークショップが進化する
ボードゲームガイド

2024年12月26日　第1版第1刷発行
2025年　4月20日　第1版第2刷発行

著　者　　安藤哲也
発行者　　井口夏実
発行所　　株式会社 学芸出版社
　　　　　〒600-8216
　　　　　京都府下京区木津屋橋通西洞院東入
　　　　　電話 075-343-0811
　　　　　http://www.gakugei-pub.jp/
　　　　　info@gakugei-pub.jp
編　集　　松本優真

デザイン・装丁　金子英夫（テンテツキ）
印刷・製本　　　シナノパブリッシングプレス

© ANDO Tetsuya 2024
Printed in Japan
ISBN 978-4-7615-2917-8

JCOPY　〈(社)出版者著作権管理機構委託出版物〉
　　本書の無断複写(電子化を含む)は著作権法上での例外を除き禁じられています。複写される場合は、そのつど事前に、(社)出版者著作権管理機構(電話 03-5244-5088、FAX 03-5244-5089、e-mail: info@jcopy.or.jp)の許諾を得てください。
　　また本書を代行業者等の第三者に依頼してスキャンやデジタル化することは、たとえ個人や家庭内での利用でも著作権法違反です。